ANDREAS PRÖVE

Gegen den Strom

**VON SHANGHAI
INS TIBETISCHE HOCHLAND**

Meiner Frau und meinen Kindern

Inhalt

Prolog 7

40 Kilo Übergepäck 9

Abgezockt 12

Shanghais Stadtgott
und Konfuzius 15

Ein Volk von Einzelkindern 22

Chinesen lieben ihre Hunde, auch in
Deutschland aß man sie 27

Nepper, Schlepper, Punktefänger 30

Mein Freund der Triebling ist da 34

Suzhou, einst Venedig des Ostens 44

Paris copy-and-paste 51

Huang Shan 59

Verkehrskontrolleure konfiszieren
meinen Freund 65

Zhangjiajie 71

Chongqing und ein widerspenstiger
Bewohner 74

Auf Jangtsekreuzfahrt 80

Leshan versöhnt sich mit mir 87

Kein Entkommen aus dem
Hotelzimmer 95

Das Leben der Ethnien im Süden 102

Besuch bei alten Bekannten 108

Am Jade-Drachen-Schneeberg 112

Hundeliebe 116

Sun und das Glück des Optimisten 122

Klöster und Mönche unter staatlicher
Fuchtel 132

Glücklich, wieder selbst Gas geben zu
können 137

Die Badain-Jaran-Wüste – Dünen
zwischen Seen 141

Die flammenden Berge 147

Ein Weltwunder, so unscheinbar 153

Chinesen und der Alkohol, eine
unheilige Allianz 158

Eine Welt, gänzlich vegetationslos –
Chinas versalzene Wüsten 162

Zurück in das tibetische Hochland 169

Neue Grenzziehungen bedrohen unser
Projekt 177

Die Quelle des Jangtsekiang –
problemlos zugänglich 184

Epilog 188

Bei meiner Ankunft in Shanghai stehen die Kirschbäume in voller Blüte.
Ich nehme das als Einladung ins Reich der Mitte.

Prolog

Es geht los! Bitte Sicherheitsgurt anlegen! Die Stewardess schließt die Bordtür, legt den Hebel um und bereitet sich darauf vor, den Passagieren die Sicherheitsvorkehrungen zu erklären. Aus den Lautsprechern tönt es lapidar: „Boarding completed." So beiläufig, als lauschten wir einem Selbstgespräch des Piloten. Einige der chinesischen Passagiere haben offenbar nur auf diesen Satz gewartet, für sie ist dies der Startschuss. Was jetzt passiert, bringt mich zum Staunen und erinnert an die Reise nach Jerusalem, das beliebte Spiel mit den Stühlen: Überall in der Kabine springen Männer auf, hechten auf die frei gebliebenen Sitzreihen und besetzen gleich noch den Nachbarsitz mit Gepäck. Zwei Fliegen haben sie mit einer Klappe geschlagen: Sie haben dem Partner und sich selbst für die nächsten zehn Stunden etwas mehr Bewegungsfreiheit verschafft. Bekomme ich hier gerade einen kleinen Einblick in die chinesische Mentalität? Und kann es sein, dass ich das von irgendwoher kenne? Mir fallen nämlich die Handtücher der deutschen Urlauber auf mallorquinischen Stränden ein…

Auch auf einem der drei Plätze, die neben mir frei geblieben sind, hockt nun ein Chinese mit beseelter Miene. Dafür kann ich jetzt meine Füße nicht mehr hochlegen. Aber das ist okay. Ein gesunder Egoismus ist auch mir nicht fremd. Schließlich habe ich selbst beim Check-in darum gebeten, dass die beiden Plätze neben mir freigehalten werden. Aber den ganzen Platz, den er sich gesichert hat, kriegt der Mann nicht umsonst! Er wird dafür zahlen, und zwar in Form einer Unterhaltung. Er soll mir sein Land erklären. Das nehme ich mir fest vor. Er ist eines der Schafe in der Reiseherde, die etwas orientierungslos direkt nach mir das Flugzeug stürmten. Mit einem Lächeln schaut er zu mir herüber, was so ziemlich alles bedeuten kann. Ich beschließe, es für ein glückliches, zufriedenes Lächeln zu halten. Und lächele vieldeutig zurück. Leider muss ich ihm den geräumten Platz für einen Spottpreis überlassen. Denn für mehr als die Nennung der Städte, die er im Gefolge seines Trupps in Europa durchlaufen hat, reichen seine Englischkenntnisse nicht aus. Unsere Smartphones mit Sprach-App zu benutzen verbietet die strenge Stewardess.

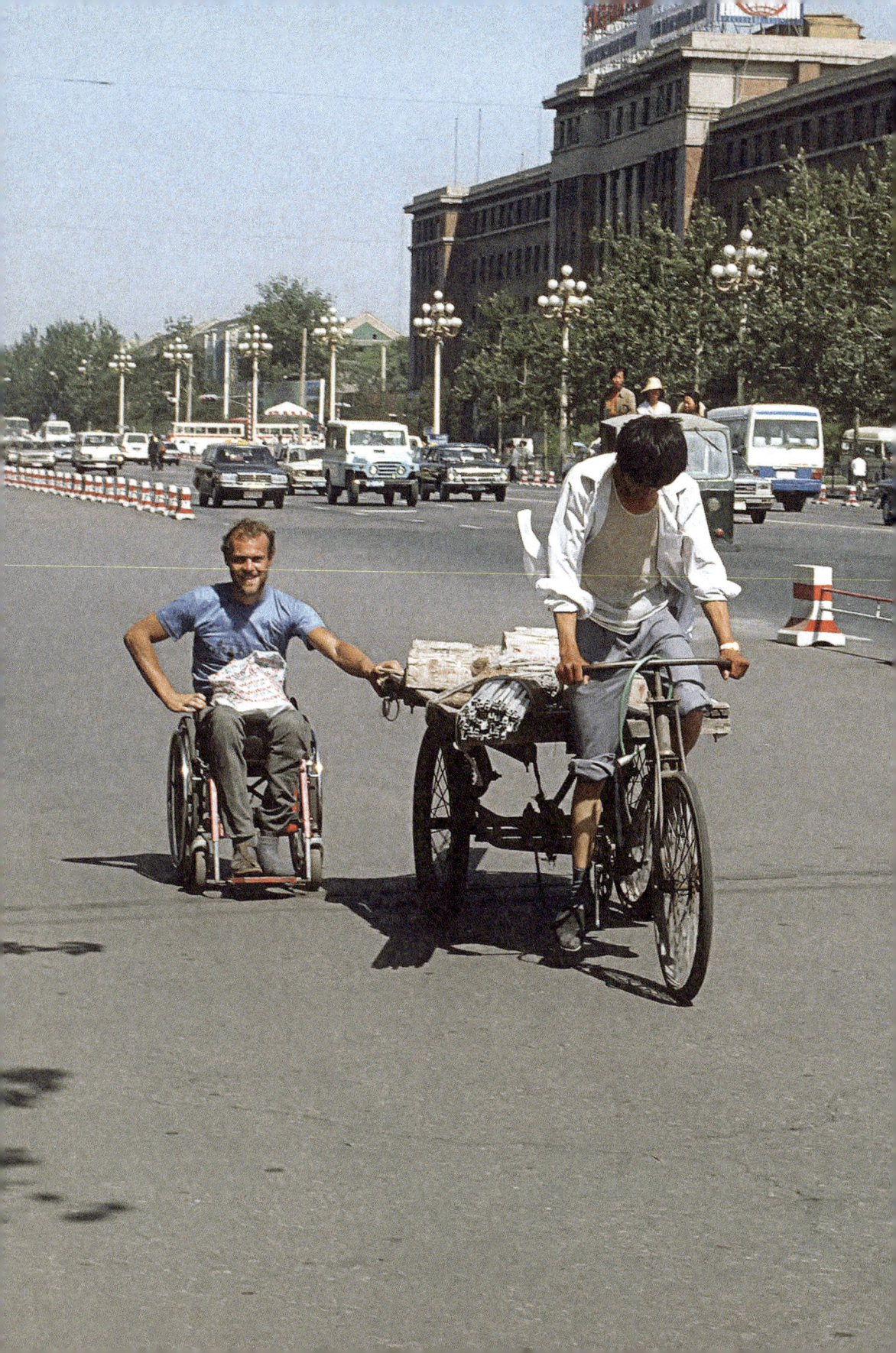

40 Kilo Übergepäck

Es war eine echte Herausforderung, das Personal am Check-in davon zu überzeugen, dass all die Metallteile, das Handbike und der Inhalt der übrigen Koffer und Taschen als notwendige medizinische Hilfsmittel zu deklarieren sind. Am Ende habe ich keinen Cent für das Übergepäck zahlen müssen.

Unter mir im Gepäckraum fliegen nun 80 Kilo Equipment mit. Darunter mein Rollstuhl (den ich später motorisiere) mit integrierter Toilette in Form eines Lochs im Sitz. Chinesische Klosetts können für uns Europäer zu einer Herausforderung werden, zumal für den, der nicht stehen oder hocken kann. Der Durchlass im Rolli-Sitz hat mich schon oft gerettet, wenn ich mal musste und weit und breit kein adäquates Klo zu finden war. Ganz wichtig, der integrierte Wagenheber, der mich samt Rolli um einen Zentimeter liftet und es so ermöglicht, mit einem Handgriff die großen Räder für Reparaturen zu lösen oder einen negativen Sturz, also schräg stehende Räder, deren Spur unten breiter ist, für mehr Seitenstabilität und Kippsicherheit bei hohen Geschwindigkeiten einzustellen. Einen Elchtest würde mein Rolli unbeschadet überstehen. Der Wagenheber, versehen mit zwei Rollen, sichert mir auch ohne Räder ein Fortkommen. Bei einem sensationellen Minimalmaß von 40 Zentimeter Breite sind enge Toilettentüren sowie Gänge in Bahn und Bus problemlos passierbar.

Sollte der Sprit ausgehen, kann ich das Handbike jederzeit manuell bedienen. Ein Koffer beinhaltet schwere Maschinenteile wie Kette, Ritzel, Antriebsachse, Kugellager und Ähnliches. Ein weiterer großer Rollkoffer ist gefüllt mit lebensnotwendigen medizinischen Hilfsmitteln, ohne die meine Nieren innerhalb von drei Tagen ruiniert wären. Doch all das wird nur Beiwerk sein. Als wichtigstes Hilfsmittel habe ich die 1,4 Milliarden Bewohner dieses riesigen Landes im Blick.

Schon auf meiner ersten Chinareise 1986 habe ich die
Hilfsbereitschaft der Chinesen schätzen gelernt.

Wenn es nach dem Ruf gegangen wäre, der den Chinesen vorauseilt, rücksichtslose Egoisten zu sein, hätte ich mir mit meinem Rollstuhl wohl ein anderes Land auswählen müssen. Ohne ihre Hilfe werde ich keinen Bürgersteig und keine Treppenstufen überwinden, ja, nicht einmal dieses Flugzeug verlassen können. Was, frage ich mich, hat mich bloß geritten, dieses Land durchqueren zu wollen und mich von der Hilfsbereitschaft eines Volkes abhängig zu machen, von dem behauptet wird, seine öffentliche Moral sei eher schwach ausgeprägt. Natürlich weiß ich, nichts wird so heiß gegessen, wie es gekocht wird, und kein Volk der Erde ist so schlecht wie die Vorurteile, die über es im Umlauf sind. Aber kann ich mir da sicher sein? Darauf bin ich gespannt. China wird mich fordern.

Schon einmal plagten mich solche Gedanken. Im Mai 1986, als ich auf der Reling der Hai Da, halb Passagierschiff, halb Frachter, saß und in den Hafen von Shanghai einlief. Damals war die Skyline von Shanghai die Uferpromenade *The Bund*. Wo all diese beeindruckenden Kolonialgebäude stehen. Zu dem damaligen Zeitpunkt hatte ich schon zehn asiatische Länder „*on the shoestring*", also mit sehr knappen Mitteln, hinter mir und jeden, der mir auf dem Banana-Pancake-Trail entgegenkam, über China ausgequetscht. Sorgen machten mir die Unkenrufe all der Backpacker, die über das rüpelhafte Benehmen der Chinesen klagten und mir dringend davon abrieten, auf die Hilfsbereitschaft dieses Volkes zu hoffen. Die ersten Zweifel an deren vorgefassten Meinungen kamen mir schon beim Verlassen der Hai Da. Einer der Matrosen hatte mich fürsorglich über die Waibaidu-Brücke bis zum Nanjing Hotel, meiner damaligen Unterkunft, schieben wollen. Es war nicht leicht, ihn davon zu überzeugen, dass mir das auch allein gelingen wird. Hatten die Rucksacktouristen nur dramatisiert? Zuversichtlich rollte ich damals am *The Bund* entlang und ließ meine Chinareise durch den *Clock Tower* mit seiner Melodie einläuten.

Jetzt stehe ich wieder hier. Die Glocken spielen noch immer dieselbe Melodie, aber abgesehen von den Gebäuden der ehemaligen Kolonialmächte ist hier nichts mehr so, wie es einst war. Hatte ich damals dem *The Bund* gegenüberliegenden Ufer mit seinen grauen Industrieanlagen kaum Beachtung geschenkt, kann ich nun meinen Blick vor Staunen nicht davon abwenden. Wie alarmierende Zeigefinger weisen dort in Pudong drei durchschnittlich 500 Meter hohe Wolkenkratzer in den Himmel. Als eine Mahnung an die Weltmächte: „Schaut her, die Zeit der Schmach von kolonialer Unterdrückung ist vorbei. China wird die Führung übernehmen."

Vor 30 Jahren bestand Pudong aus grauen Industrieanlagen, heute erhebt sich dort Chinas Finanzzentrum. Das ehemalige Zollhaus der Briten stammt aus dem Jahr 1927. Die Glocken im Turm wurden in England gegossen.

Abgezockt

Als sollte ich büßen für das, was dem chinesischen Volk von den Europäern und meinen Vorvätern angetan wurde, gerate ich schon am zweiten Abend in Shanghai in die Falle. Im 18. und 19. Jahrhundert nannte man es „Shanghaien", wenn sich Matrosen nach einer durchzechten Nacht in Hafenspelunken zwangsrekrutiert in der Koje eines Frachters auf hoher See wiederfanden. Heute finden sich Touristen, die auf ein schnelles Abenteuer aus waren, mit leeren Taschen auf der Polizeistation wieder. Ich kenne alle Tricks der Welt, wie Touristen über's Ohr gehauen werden. Bei den Recherchen hatte ich noch hochmütig gelächelt, als ich von den Warnungen las, bloß nicht den Schleppern in der Nanjing Road in die Massagesalons zu folgen. Dort werden einem K.-o.-Tropfen in den Whisky gemixt und den Rest kann man sich ausmalen. Nein, so etwas könnte mir nach meinen unzähligen Reisen durch Asien nicht mehr passieren. Ha ha. In Shanghai muss ich erneut kostenpflichtig in die Lehre. Vielleicht habe ich mich auch einfach zu sicher gefühlt, weil keiner der Schlepper, die in der Nanjing Road ganz offensichtlich auszumachen waren, an mir Interesse hatte.

Meine Aufnahmen von der Skyline sind für heute im Kasten, der Glockenturm läutet 18 Uhr ein und schon meldet sich mein Magen. Jetzt was essen. Lilly nennt sich die kleine Kanaille; sie interessiert sich für das, was ich da mit meinem Stativ und der umfangreichen Fotoausrüstung treibe. Sie ist 23, charmant, zurückhaltend und sieht freundlich aus. Einfach eine sympathische Type. Das hat mich blind gemacht für die Inszenierung dieses scheinbar zufälligen Zusammentreffens, als sei es im Vorbeigehen geschehen. Eine gute Falle erkennt man eben erst, wenn sie zuschnappt. Statt misstrauisch zu sein, passt es mir eigentlich ganz gut, ein unverfängliches Gespräch zu führen mit einer Person, die Englisch spricht. Viele gibt's ja nicht von der Sorte. Und deswegen habe ich nichts dagegen, gemeinsam ein kleines Restaurant aufzusuchen. Warum auch nicht, schließlich bin ich hier, um China zu verstehen, und was kann mir Besseres passieren als jemanden zu treffen, der mir

China erklärt. Sie wird mir in der Tat China erklären, allerdings nicht so, wie ich mir das vorstelle.

Noch ist alles im grünen Bereich. Nein, Lilly sei nicht der Name, mit dem ihre Eltern sie rufen. In China gibt sich jeder, der etwas auf sich hält, auch einen europäischen Namen. Aya steht in ihrem Pass, sagt sie auf unserer Suche nach einem Restaurant, und das bedeutet, die Heilige. Darüber muss ich zwei Stunden später bitter lachen. Sie kommt aus Sichuan und besucht ihre Schwester, die hier studiert. Die sei im Moment aber noch in der Uni, und so will die Heilige ihr Englisch trainieren und freut sich, dass ich mir dafür die Zeit nehme. Sie kennt da ein Restaurant, nicht teuer, in dem westliches Barbecue serviert wird. Ich hätte lieber chinesisch gegessen, aber darauf geht sie nicht ein.

Ein wenig wundert es mich, dass sie an allen ebenerdigen Restaurants vorbeigeht. Stattdessen stehen wir nun vor zehn Stufen auf der Suche nach kräftigen Männern, die mir hinaufhelfen könnten. Das geht erstaunlich fix. Leicht stutzig macht es mich auch, dass meine Begleitung zielsicher einen ganz bestimmten Tisch ansteuert, obwohl die Auswahl groß ist. Jeder Mensch würde erst einmal kurz stehen bleiben und sich einen Überblick verschaffen. Meine größte Dummheit ist, dem Fehlen jeglicher Preisangaben auf der Speisekarte keine Beachtung zu schenken. Stattdessen beurteile ich die Preisklasse aufgrund des Interieurs und der einfachen Kleidung der übrigen Gäste hier. Nein, das wird nicht teuer sein. Erst als Lilly für uns ein Glas Wein nach dem anderen bestellt, die Fleischspieße nur anknabbert und gleich neue ordert, frage ich nach den Kosten. Da ist es fast zu spät. Schon sind 800 Yuan aufgelaufen, gut 100 Euro. Ich ziehe die Reißleine, denn wer das alles bezahlt, ist mir klar. „Du steckst mit dem Personal hier unter einer Decke", sage ich ihr ins Gesicht. Mein Vorwurf überrascht sie nicht im Geringsten, als hätte sie längst damit gerechnet. Unschuldige würden aufgebracht protestieren, Lilly dagegen kaut erst einmal zuende, bevor sie alles abstreitet. Ihr jungfräuliches Lächeln lässt mich für einen kurzen Augenblick zweifeln. „Heilig ist nur dein Name", werfe ich ihr vor, zahle mein Lehrgeld und lasse sie sitzen. Wieder bin ich um eine teure Erfahrung reicher. Klar, 800 Yuan schmerzen, aber ich staune auch über die Schläue dieser Füchsin und meine Blauäugigkeit. Immerhin liege ich nicht von K.-o.-Tropfen meiner Sinne beraubt in einer dunklen Seitengasse. Das ist doch auch was wert.

Der Jinmao Tower, das Shanghai World Financial Center und der Shanghai Tower, die drei Stars in der Skyline der Stadt. Die Nanjing Road in Shanghai ist eine riesige Fußgängerzone mit Edelboutiquen und teuren Restaurants. In den Hinterhöfen haben sich rot beleuchtete Massagesalons angesiedelt.

Shanghais Stadtgott und Konfuzius

Was ist den Chinesen eigentlich heilig und was ist mit Religion hier? Da gibt es den Stadtgott in Shanghai. Götter in China? Das klingt interessant. Dieser Gott wohnt im Cheng Huang Miao Tempel. Der Weg zu ihm führt durch ein Labyrinth von Shops, die religiösen Tand verscherbeln. Ein Spießrutenlauf, der mich an einen Spaziergang durch die Souks von Marrakesch erinnert. Gott des Kommerzes hätten sie ihn nennen sollen, hier zwischen dem Ramsch, den kein Mensch braucht, der aber Unmengen von Shoppern anzieht. Am Tempeleingang kostet der Eintritt zehn Yuan, ungefähr 1 Euro 30, das ist nicht viel und ich darf hinein. Niemand fragt mich nach meinen Schuhen oder nach meiner Religion, niemand weist mich ab, weil ich als vermeintlicher Christ unrein wäre oder mein Rollstuhl unter mir diesen heiligen Ort beschmutzen könnte. Wer zahlt kann rein. Das finde ich gut, freier Eintritt wäre besser. Meine Erfahrungen in Hindutempeln, Moscheen oder buddhistischen Heiligtümern waren häufig ganz andere. Der Stadtgott von Shanghai ist eigentlich gar kein Gott, sondern eher so etwas wie ein Schutzheiliger, der die Stadt und ihre Menschen vor Unheil bewahrt.

Er repräsentiert den Taoismus, neben dem Buddhismus und dem Konfuzianismus eine der drei Lehren in China. Rummel herrscht auch hier im Innenhof des Tempels, aber ohne Kommerz. Die geschwungenen Dächer der umliegenden Gebäude befriedigen alle Klischees chinesischer Architektur: schön, von Drachen bewehrt und mit Schlangen auf dem First. So wie es Touristen lieben. Die sind überwiegend chinesischer Herkunft. Einige wenige unter ihnen scheinen wirklich gläubig zu sein und schwenken Bündel von Räucherstäbchen. Der Rest teilt sich in Smartphone-Fotografen und möglichst niedlich dreinschauende Fotomotive. Das Victory-Zeichen fehlt dabei niemals. Als wolle man der Welt zurufen: Wir werden siegen.

Der traditionelle Baustil ist durch geschwungene Dächer geprägt. Dachreiter sollen das Haus und seine Bewohner vor allem Bösen schützen. Auf vielen Dächern findet sich an erster Stelle der Hahn mit Reiter, ein taoistischer Heiliger.

Die Lehren des Konfuzius erleben nach den Zerstörungen in der Mao-Ära eine Renaissance. Der Stadtgott von Shanghai, Cheng Huang Miao, ist Beschützer der Metropole. Taoistische Mönche im Gebet vor dem Stadtgott. Schüler und Studenten wünschen sich Beistand von Konfuzius bei ihren Prüfungen.

Aber wo ist denn nun der Gott? Will ich ihn sehen, muss ich ins Heiligtum. Immer dem Gesang der Mönche nach. Aus dem Innern des zentralen Gebäudes klingt ein harmonischer Männerchor, begleitet von Trommeln und der Dizi. Diese typisch chinesische Querflöte, deren hoher Klang augenblicklich chinesische Felslandschaften mit knorrigen Kiefern, dichte Wälder und rauschende Wasserfälle vor mein inneres Auge projiziert. Ich werde wie magisch angezogen. Vier Stufen und eine monströse Schwelle fordern mich. Es gibt Situationen, in denen ich sämtliche Skrupel, fremde Menschen um Hilfe zu bitten, über Bord werfe. Wenn es mir wichtig ist. Ja, selbst nach so vielen Jahren im Rollstuhl wäge ich noch immer ab. Hier gibt es nichts zu zweifeln, ich muss da hinein. Wer jetzt in den Tempel will, geht nicht ohne mich. Aber was ist das? Von allen Seiten stürzen kräftige Männer auf mich zu, drängeln sich gegenseitig weg, nur um selbst helfen zu dürfen. Dabei habe ich noch gar nicht gefragt. Was ist bloß mit den Chinesen passiert? Bevor ich auch nur einem von ihnen erklären kann, wo der Rolli am besten zu packen ist, bin ich drin. Und wie viel Freude sie dabei haben! Direkt rührend. Wo ist die darwinistische Einstellung geblieben, die Chinesen angeblich zu ruppigen Egoisten werden lässt? Na gut, eine Schwalbe macht noch keinen Sommer. Ich bin gespannt, wie diese Reise mein Bild von den Chinesen verändern und prägen wird.

Das ist also der Stadtgott von Shanghai. Eine sitzende, etwa acht Meter hohe Statue, in Gold gefasst, mit vor der Brust gekreuzten Händen. Sein langer Oberlippenbart bedeckt Mund und Kinn. Mit den erröteten Wangen, den hohen Augenbrauen und dem traurig-verträumten Blick in die Ferne erscheint er mir wie ein Herrscher, der die Lust am Regieren verloren hat. Diese betrübte Figur hat nichts Göttliches. Das soll sie aber auch nicht. Im Taoismus ist es weniger die personale Gottheit, als deren Funktion, die als göttlich verehrt wird.

Für Laozi, den Begründer dieser Philosophie, bleibt alles im Wandel. Nicht in den Lauf der Welt eingreifen, sondern sich den Gegebenheiten anpassen und darauf reagieren, führt zu dauerhaftem Glück. Vor den Füßen des Stadtgottes kauern circa 30 blau gekleidete Mönche, rezitieren Gebete, verneigen sich und singen im Chor, um Geist und Körper in Harmonie zu bringen. Für die meisten der Personen, die sich hier aufhalten und ihre Smartphones schwenken, ist dieser Ort nur ein Stopp von vielen auf ihrer Sightseeing-Tour durch Shanghai. So auch für mich, den Ungläubigen.

37 Jahre Reisen durch Hinduismus, Islam, Christentum und viele buddhistische Länder haben mich unreligiös werden lassen. Dabei wollte ich als Kind sogar Pastor werden. Pastor oder Gastwirt. In der Kirche, zwei Hausnummern weiter, fand ich Ruhe und Frieden vor der Disharmonie zu Hause und dem Geschrei meiner Eltern. War die Kirche kalt und leer, flüchtete ich in die Gastwirtschaft Pries, zwei Hausnummern in die andere Richtung. Nachdem ich dort in der Kneipe meinen kindlichen Wunsch geäußert hatte, eines Tages die Wirtstochter zu heiraten, war ich stets ein gern gesehener Gast und wurde mit Limonade verwöhnt. Nach der Scheidung meiner Eltern und dem Umzug in eine andere Wohnung mit unserer Mutter, kehrte langsam wieder Ordnung in mein Leben und das meiner Geschwister ein. Kirche und Kneipe gerieten aus meinem Focus. Pastor und Wirt haben mich seitdem schmerzlich vermisst. Als ich mit 22 auf einer Backpackerreise den Hinduismus in Indien sah, kam erstmals der Gedanke auf, dass die gläubige Menschheit einer riesigen Scharlatanerie aufsitzen könnte, die, als Religion verkleidet, dummen Schafen für viel Geld Seelenheil verkauft. Der indische Bauer, der dem Priester im Tempel einen Teil seiner knappen Ernte überließ, entpuppte sich in meinen Augen als ein armer Wicht. Ebenso der von seiner Nagelbombe zerfetzte Weltverbesserer, dem weisgemacht wurde, dass die zweiundsiebzig Jungfrauen im Himmel toll fänden, was er da angestellt hat, und nun auf ihn warten würden.

Papst Urban II befahl Mord und Totschlag auf den Kreuzzügen als Gegenleistung für die Vergebung aller Sünden und wagte noch zu behaupten: „Gott will es so." Welche Idiotie. Selbst die angeblich so friedliebenden Buddhisten sind keine Engel. Ätzend rassistisch können sie sein, wie der Mönch Wirathu in Myanmar, der mit Hasspredigten das Volk gegen die Rohingyas aufstachelt.

Wer Mönchen Speisen opfert, sammelt gutes Karma. In China wurden schon im 9. Jahrhundert sämtliche ausländischen Religionen verboten. Man besann sich auf die Lehren des Konfuzius. Seine Schriften prägten bereits zu diesem Zeitpunkt über Jahrhunderte das soziale Gefüge und die Staatsdoktrin in China. Bis heute. Selbst Maos Schergen konnten daran nicht viel ändern. Wurden während der Kulturrevolution viele Konfuziustempel geschlossen oder gar zerstört, finden sich heute überall Orte, an denen man sich an seine Lehren erinnert. Also auf zum Konfuziustempel in Shanghai.

Mir wird keine Zeit gelassen, mich vom Stadtgott zu verabschieden. Schon sind sie wieder da, die fleißigen Hände, die ungefragt den Rolli unter mir packen. Es sind Leute vom Aufsichtspersonal

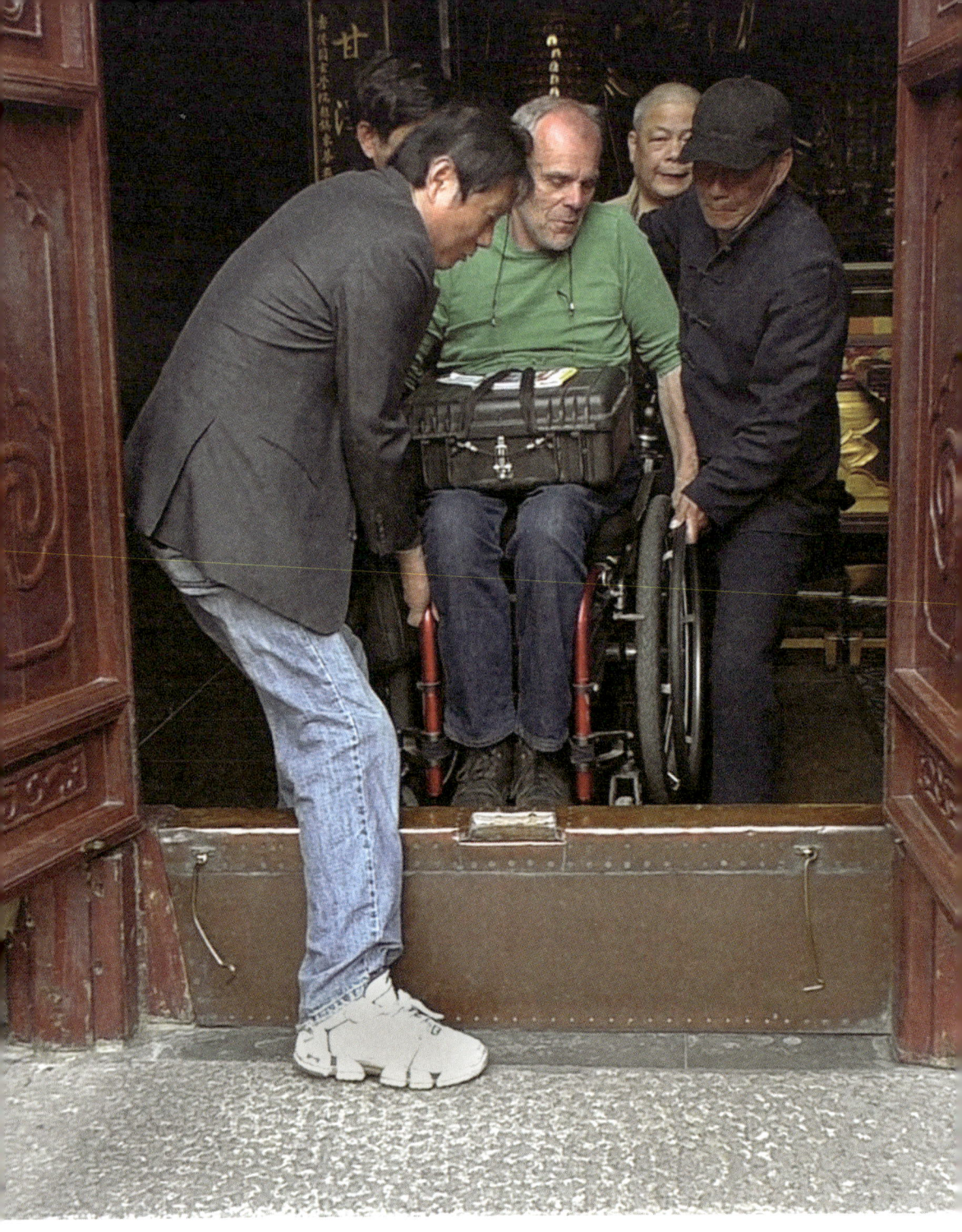

Im Glauben, dass böse Geister hohe Schwellen nicht überschreiten können, sind alle Tempel mit hohen Barrieren ausgestattet. Die Hilfsbereitschaft der Chinesen macht das wett.

und chinesische Touristen, die hastig ihr Smartphone verstauen, um beide Hände frei zu haben. Nur die Mönche, die zur selben Zeit den Tempel verlassen, schauen unbeteiligt zu.

Ich versuche es mit der Metro. Viele Hoffnungen auf einen barrierefreien ÖPNV habe ich nicht, zumal sich kaum Rollifahrer auf den Straßen zeigen. Aber Shanghai überrascht mich schon wieder. Ich finde einen Aufzug, versteckt hinter den Treppenabgängen zur Metro. Deutlich schwieriger ist es, in der Wenmiao Street den Tempel zu entdecken. Zwei Mal rolle ich am Hoftor vorbei, ohne es zu bemerken. Spielt Konfuzius doch nicht so eine wichtige Rolle? Nach einer Weile habe ich den Hof gefunden, in dem ich den großen Lehrmeister in Stein gehauen sehe. Es ist keine Menschenseele da. Aus 30 Metern Entfernung blickt er mich mit gütigen Augen und einem Lächeln an. Er trägt einen wallenden Umhang, die Hände hält er vor sich gekreuzt. Ohne einen Hauch von Religiosität. Ich wusste, Konfuzius wird mir gefallen. Er steht direkt vor der Eingangstür des Tempels auf einem Sockel. Langsam rolle ich zu ihm hinüber und genieße es, mit jedem Meter mehr Details wahrzunehmen. Auf dem Kopf trägt er eine Art Kappe, sein Gesicht dominiert ein langer Bart. Mit seiner gebeugten Haltung, den übereinander liegenden Händen und dem Gehstock, den er sich scheinbar nachlässig unter den Arm geklemmt hat, kommt er mir so vor, als wolle er mich in seinem Haus willkommen heißen. Die Einladung kann ich leider nicht annehmen, denn außer der alten Frau, die die Wege um den Tempel fegt, ist niemand da, dem ich meine 80 Kilo Gewicht plus Rolli zumuten könnte. Ich begnüge mich mit dem, was geht. Links und rechts von Konfuzius entdecke ich zwei überdachte Regale voller roter Schleifen an denen jeweils gelbe Zettel hängen. Sie sind allesamt mit Schriftzeichen versehen. Ich muss eine Weile suchen, bis ich etwas entziffern kann. In einer Mischung aus Englisch und chinesischen Schriftzeichen hat da jemand seine Wünsche an ihn gerichtet. Gute Noten werden erbeten, Sicherheit, Glück und Gesundheit. Später verfahre ich, dass viele Schüler und Studenten vor wichtigen Prüfungen, die sie für weiterführende Schulen qualifizieren, den großen Gelehrten um seine Unterstützung bitten. In dem kleinen Garten mit einem Teich voller fetter Goldfische google ich Konfuzius. Lese, dass der berühmte Satz „Was du nicht willst, das man dir tu, das füg auch keinem andern zu!" dem gelehrten Philosophen zugeschrieben wird. Und dass er damit seinem Wunsch nach einer moralisch vollkommenen Gesellschaft Ausdruck verleihen wollte. Guter Mann!

Ein Volk von Einzelkindern

Tags darauf begebe ich mich in den Renmin-Park, die große Grünanlage in Shanghai, die dem Volke gewidmet ist. Ich hatte von einem Heiratsmarkt gehört, der jedes Wochenende stattfindet. Schon die Menschenmassen am Eingangstor lassen erahnen: Hier werden Geschäfte gemacht. Es sind allerdings Geschäfte, die bedrücken, denn es geht um die sogenannten „Restefrauen und Restemänner", die Zurückgebliebenen und die traurigen Nebenwirkungen der Ein-Kind-Politik. Wurde das Bevölkerungswachstum in China über Jahrhunderte durch riesige Naturkatastrophen und Hungersnöte reguliert, gab es Mitte des 20. Jahrhunderts einen beängstigenden Anstieg der Bevölkerung. 1980 sah sich die Regierung gezwungen, mit Gesetzen einzugreifen. So sind in den meisten chinesischen Familien in den letzten 35 Jahren Kinder ohne Geschwister herangewachsen und das waren mehr Jungen als Mädchen. Da nach konfuzianischer Lehre der Bestand der Familie einen hohen Stellenwert hat, jede Familie aber nur noch ein Kind haben durfte, fanden sich immer Mittel und Wege, eine Schwangerschaft abzubrechen, so lange, bis ein Stammhalter zur Welt kam. Dadurch fehlen heute schlichtweg die Frauen und das Volk ist stark überaltert.

Es ist grotesk, was ich sehe, und es bestürzt mich. Man könnte zunächst den Eindruck bekommen, hier werden Regenschirme verkauft, Tausende sind es. Aber sie dienen nur als Pinnwand für die Kontaktdaten, da Stände und Tafeln nicht erlaubt sind. Regenschirme sind unverfänglich und keine Staatsführung kann sie verbieten. Da ist er wieder, der chinesische Pragmatismus, wie Laozi schon sagte, nicht gegen Windmühlen kämpfen, sondern geschmeidig sein, sich den Gegebenheiten anpassen und darauf reagieren.

Wie auf einem Flohmarkt gehen die Suchenden durch ein Spalier von Angeboten. Dahinter Eltern auf Klapphockern, alte, verzagte Eltern, Eltern, die schon alles unternommen haben und nun hier Sonntag für Sonntag ihre Kinder feilbieten, Eltern, denen nichts wichtiger ist, als ihre Söhne und Töchter zu verheiraten. Diese sind zwischen 30 und 40 Jahre alt. Auf den Zetteln entdecke

Die Jahrzehnte lange Ein-Kind-Politik hat das chinesische Volk stark überaltern lassen. Mit Kontaktanzeigen auf Regenschirmen versuchen Eltern, ihre Kinder zu verkuppeln.

ich wirklich gute Partien, Söhne mit hochdotierten Jobs und Besitzer einer Wohnung in guter Lage, Töchter deren ideale Körpermaße angepriesen werden, mit heller Haut, runden Augen und einem freundlichem Naturell sowie einem positiven digitalen Sozialpunktekonto, mit dem gute von schlechten Bürgern unterschieden werden. Was ich kaum sehe, sind Fotos. Das Aussehen ist zweitrangig. Ich nehme mir Zeit, beobachte eine etwa sechzigjährige Frau, die mit Notizblock und Smartphone unterwegs ist. Im Vorbeigehen überfliegt sie die Zettel auf den Schirmen. Bis sie interessiert stehen bleibt und Kontakt mit der gleichaltrigen Frau hinter dem Schirm aufnimmt. Der Ernst aus ihren Gesichtern schwindet, man hockt sich zusammen, die Verhandlungen beginnen. Dieser Markt scheint zu funktionieren.

Mitten im Gewühl werde ich auf Englisch angesprochen.

Herr Hu ist von der neugierigen und redseligen Sorte. Sein Haupthaar hat er bereits eingebüßt, der Rest ist weitgehend ergraut. Mit den ersten Altersflecken im Gesicht schätze ich ihn auf um die sechzig. Im Gegensatz zu seiner Frau mit modernem Kurzhaarschnitt, schicker Sonnenbrille und Handtasche, lässt er die Träger seines Feinripp-Unterhemdes sehen, unten hängt es ihm aus der Hose.

Aber Herr Hu hat Humor, findet es schade, dass ich nur Tourist bin und nicht in Shanghai wohne. Das wäre besser für mich.

Mister Hu kommt mir wie gerufen. Er ist hier mit seiner Frau auf der Suche nach einer Schwiegertochter. Auf die Gefahr hin, provokant zu wirken, will ich von ihm wissen, warum der Sohn nicht selbst sucht, schließlich will er doch heiraten und nicht der Papa. Als hätte er die Frage erwartet lacht er: „Ja, ich weiß, bei Ihnen in Deutschland geht das anders, aber hier reden die Eltern mit. Die Kinder haben ja noch nicht genug Lebenserfahrung, um zu wissen, wer gut für sie ist."

Ich frage ihn nach einem Foto: „Das hat meine Frau hier auf ihrem Smartphone", dabei weist er mit dem Daumen auf seine Partnerin, die sichtlich genervt davon ist, dass er bei dem sonntäglichen Vorhaben nicht voll dabei ist.

„Sie hat alles im Griff", sagt er mit einem verschmitzten Lächeln. „Unser Sohn ist 32 und Softwareentwickler", höre ich mit Stolz in seiner Stimme, „Er hat auch einen gut bezahlten Job und eine schöne Wohnung, aber es ist trotzdem schwierig, eine Frau für ihn zu finden."

Nach den Kriterien gefragt, die wichtig sind, damit die Frau dem Papa gefällt, also zum Beispiel Ausbildung und hübsches

Aussehen, bekomme ich eine klare Antwort: „Na, hässlich sollte sie natürlich nicht sein und auch nicht dick. Aber auch ihre Körpergröße ist wichtig. Unser Sohn ist nur ein Meter fünfundsiebzig groß. Seine Frau muss also kleiner sein. Aber ihre Ausbildung sollte auch nicht besser sein als die unseres Sohnes." Inzwischen haben wir den Unmut der Anbieter hinter ihren Regenschirmen auf uns gezogen, es gibt böses Geschrei, weil wir den Weg verstopfen und das Geschäft verderben. Herr Hu muss das Gespräch abbrechen, wünscht mir noch gute Reise und macht sich im Gefolge seiner Frau davon. Das sind die wahren Helikoptereltern.

Mir wird klar, es ist nicht nur der Mangel an Frauen, auch die hohen Ansprüche an Schwiegersöhne und -töchter machen die Eheanbahnung kompliziert. Manche suchen ein Leben lang. In ihrer Not, eine Frau zu finden, gehen manche Familien bereits kurz nach der Geburt ihres Sohnes auf die Suche nach einem Mädchen im benachbarten Ausland. Die werden dann adoptiert, damit sie gemeinsam mit dem Sohn aufwachsen, sich an ihn gewöhnen und ihn später heiraten können. Ein florierender Adoptions-Sektor hat sich daraus entwickelt.

Die Skyline von Shanghai gehört zu den beliebtesten Kulissen für Hochzeitsfotos.

Chinesen lieben ihre Hunde, auch in Deutschland aß man sie

Vom Heiratsmarkt, wo Söhne und Töchter feilgeboten werden, rolle ich zur Xizang Road, zum Tiermarkt. Mit den Bildern, die ich hier mache, könnte ich wunderbar das dumme Klischee des mitleidslosen Chinesen untermauern, der alles schlachtet und isst, was vier Beine hat und kein Tisch ist. Dabei möchte ich nicht wissen, was in Notzeiten des Krieges in Deutschland so alles geschlachtet wurde. Hunde waren ganz sicher dabei. Das hat mir einmal ein Veterinär bestätigt, der noch bis 1960 mehrere Hundeschlachter in Chemnitz und Umgebung kontrolliert hat. Wer also mit dem Finger auf andere zeigt, sollte bedenken, dass drei Finger seiner Hand auf ihn selbst gerichtet sind. An die Tiere in deutschen Mastanlagen, die niemals in ihrem Leben die Sonne sehen, die auch ich verspeise, mag ich nicht denken.

Die Tiere hier auf dem Markt in Shanghai sind nicht für die Schlachtbank und den Verzehr gedacht, sie werden geliebt. Hier decken sich die Chinesen mit Nachschub ein, für eines ihrer größten Hobbys. Auch wenn der erste Eindruck ein ganz anderer ist. Ich komme kaum durch, muss immer wieder Käfige mit Katzen und Hunden beiseiteschieben, um für meinen Rolli Platz zu schaffen. Die Verkäufer, die dazwischen hocken, blicken mich mürrisch an. Für sie bin ich hier ein Störenfried, der nichts kauft, nur die schmalen Gänge verstopft und die Kunden am Einkaufen hindert.

Eimer voller Schildkröten stehen im Weg, Aquarien, in denen die Masse an Fischen die des Wassers übersteigt, stapeln sich. Vogelkäfige mit zwitschernden Singvögeln hängen von der Decke und Unmengen von Grillen, Zikaden und Käfer jeder Art warten in Schachteln auf ihre neuen Besitzer. Es riecht animalisch wie im

---

Während im Süden Chinas Hunde noch immer auf der Speisekarte landen, sind sie im Norden Steckenpferd und werden geliebt.

Pumakäfig. Der Platz für die Tiere ist furchtbar beengt. Fehlt es den Chinesen vielleicht an Empathie? Oder ist das Absicht, um das Mitgefühl der Käufer zu wecken, sie nämlich zu animieren, die armen Kreaturen aus ihrer misslichen Lage zu befreien? Vermutlich bin ich der Einzige, der sich solche Gedanken macht. Die Menschen leben in schachteligen, engen Wohnsilos, warum sollen es die Tiere da besser haben – fertig. Die Chinesen als Tierquäler zu pauschalisieren finde ich ebenso falsch wie dieses Attribut den Europäern zuzuschreiben. Krankgezüchtete Möpse sehe ich jedenfalls nicht. Alle Tiere sehen gesund und munter aus. Für einen verkoteten, kranken Kläffer würde ohnehin kein Chinese Geld ausgeben.

Dass Chinesen ihre Singvögel im Song Contest gegeneinander antreten lassen und Schönheitswettbewerbe mit ihren Hunden veranstalten, wusste ich. Aber was stellt man mit einer Grille an, die nur zirpen und springen kann? Dieser Markt ist voll davon. Ich denke, die Grillen werden zu Hause an die Reptilien verfüttert, will mich schon abwenden, als ich den Preis sehe. 3000 Yuan, knapp 400 Euro für eine Grille! Da steckt mehr dahinter. Jede Grille ist einzeln in einem Döschen untergebracht, auf dem der Preis steht. Zudem bemerke ich, dass sich Kunden auf niedrigen Hockern mit einem Miniaturbesen an den Grillen zu schaffen machen. Sie werden gepiesackt, in ihrem Gefängnis herumgescheucht, bis der Kunde die Lust verliert und sich der nächsten Grille zuwendet. Ich ahne, hier geht es darum, sie wütend zu machen, ihre Kampfeslust auf die Probe zu stellen und es geht um Geld, viel Geld.

Drüben, am anderen Ende des Verkaufstisches, der voller Dosen steht, stehen mehrere Männer mittleren Alters zusammen. Da gibt's was zu sehen. Ich drängele mich durch, sehe, wie Geldscheine die Besitzer wechseln. Alle Augen sind auf eine Grille in ihrer Arena gerichtet, die für mich nicht anders aussieht als tausend andere. Spannung kommt auf, denn alle Wetten sind abgeschlossen und die Gegnergrille wird in die Arena gesetzt. Sie beschnuppern sich kurz und schon gibt es einen heftigen Kampf, sie drehen sich, bringen sich gegenseitig ins Straucheln, bis eine von ihnen mit einem Schulterwurf in hohem Bogen aus der Arena fliegt und mit dem Rücken auf dem Tisch landet. Die Zuschauer applaudieren und wieder wandern Geldscheine von Hand zu Hand. Wie sie den Sieger identifizieren konnten bleibt mir schleierhaft. Die beiden Grillen ähneln sich vollkommen. Die Chinesen haben merkwürdige Hobbys.

Wann immer es geht, tragen die Vogelbesitzer ihre gefiederten Freunde ins Grüne. Diese Grille vermöbelt jeden, der ihr zu nah kommt, und hat ihrem Besitzer schon viel Geld erkämpft.

Nepper, Schlepper, Punktefänger

Ich schlendere zurück zum Hotel. Die untergehende Sonne scheint längs in die Nanjing Road hinein. Eine endlose Fußgängerzone, die allen Geschäftsstraßen der Welt gleicht. In einer offenen Garküche bestelle ich gedämpfte Jiaozi, mit Gemüse und Fleisch gefüllte Teigtaschen, die, in Sojasoße getunkt, ein wunderbarer Snack für jede Tageszeit sind. Fliegende Händler bieten mir gefälschte iPhones und Laserpointer mit zwei Kilometer Reichweite an, mit denen man sich im Nu die Augen ausbrennen könnte. Einem Schuhputzer überlasse ich meine Schuhe für die Politur und ich werde von einer Bettlerin um Geld gebeten. Mao würde sich bei diesem Anblick im Grabe umdrehen. Vermutlich würde ihm einiges mehr missfallen. Draußen beobachte ich das Treiben der Schlepper, die versuchen, jeden männlichen, europäisch aussehenden Touristen in ein Gespräch zu verwickeln. Ich will auch mal ihr Opfer sein, will wissen, was sie zu bieten haben. Ganz langsam rolle ich an ihnen vorbei, aber keiner würdigt mich auch nur eines Blickes. Darüber ärgere ich mich. Werde ich von ihnen nicht akzeptiert? Ich bin männlich und zudem Tourist, passe also perfekt in ihr Beuteschema. Mein Rollstuhl schmeckt ihnen nicht, so meine Befürchtung. Das ist diskriminierend. Mir reicht's, ich rolle auf einen von ihnen zu und frage, was sie den anderen Touristen verkaufen wollen und mir vorenthalten. „Wir arbeiten für den Massagesalon da drüben", antwortet der Angesprochene in perfektem Englisch. *„You want massage?"* Der Salon sei gleich um die Ecke. Also, warum nicht? Ich lehne dankend ab. Die Jungs akzeptieren meinen Verzicht, als hätten sie ohnehin nicht mit mir gerechnet.

Einer von ihnen, müde vom Neppen und von der Jagd auf Vermittlungsprovision, setzt sich auf die Bank neben mir. Woher ich komme, hat er schon an meiner englischen Aussprache erkannt. Was in dem Massagesalon sonst noch getrieben wird, will ich gar nicht wissen. Stattdessen erzähle ich ihm von seiner Kollegin, der heiligen Aya und meinem Malheur. Ein wirklich fieser Trick, schimpft er, das Vertrauen der Touristen so auszunutzen. Sein Heucheln sehe ich ihm nach und lächele zustimmend. Mein Smartphone meldet sich. Ob ich einen VPN-Tunnel gelegt habe, will der Strolch wissen. Ohne diesen Trick, die chinesische Firewall zu unterlaufen, könnte ich kaum mit meiner Familie kommunizieren. Ich habe auf meinem Smartphone mehrere zur Auswahl, denn den chinesischen Internetkontrolleuren gelingt es immer wieder, sie zu blockieren. Es ist ein Katz- und Mausspiel. Google, Facebook, YouTube und WhatsApp sind in China gesperrt, wofür es jeweils chinesische Varianten gibt, bei denen der Staat mitliest, zensierte Nachrichten streut und alles blockiert, was nicht gefällt. Dazu gehört das, was am 4. Juni 1989 auf dem Platz des Himmlischen Friedens in Peking und in vielen weiteren chinesischen Städten geschah. Die Massaker an Studenten mit einer unbekannten Zahl an Toten existieren in der chinesischen Geschichtsschreibung einfach nicht.

Marc, der Schlepper neben mir, der mir seinen Chinesischen Namen nicht verraten will, meint, dass im Moment eine Hatz angesetzt ist auf alle, die sich über den chinesischen Staatsführer Xi Jinping lustig machen. Weil er frappierende Ähnlichkeiten mit dem Bären Winnie Puh aufweist, gibt es sofort eine Fehlermeldung, sobald man die Worte Winnie oder Puh in seinen Messengerdienst eintippt und abschickt. Xi sieht immer so freundlich und harmlos aus, aber Humor fehlt ihm völlig.

Ich frage Marc nach dem Sozialkreditsystem, dieser Mischung aus Schufa und Flensburger Punktekartei, in der darüber hinaus das gesamte Sozialverhalten der Menschen belohnt oder bestraft wird. Er meint, es sei unklar, ob es für die Worte Winnie Puh schon Punktabzug gibt, aber er würde das Risiko nicht eingehen und es lieber sein lassen. Ich wundere mich, wie offen er alles anspricht, und frage ihn, was er von dem Sozialkreditsystem hält. Und schon stoße ich an diese Wand der Angst. Es sei doch eine gute Sache, das Volk zu vorbildlichen Bürgern zu erziehen, sagt der Witzbold und verschwindet, bevor ich nachhaken kann.

Ich bin mir sicher, die SIM-Karte, die ich mir bei der Einreise am Flughafen gekauft habe, nachdem ich fotografiert wurde, enthält gleichzeitig eine Überwachungssoftware. Sie wären schön blöd, würden sie das nicht tun. In jedem Hotel wird mein Reisepass kopiert, das Land ist mit Überwachungskameras nur so übersät. Kein Problem also ein genaues Bewegungsprofil von

Vermummen sich so viele Chinesen aus Angst vor Feinstaub, den UV-Strahlen oder vielleicht doch vor der Gesichtserkennung des Überwachungsstaates? Es scheint, als hätte der Staat mit dem Volk einen Pakt geschlossen: Totale Überwachung gegen maximalen Konsum.

mir anzulegen. Damit das funktioniert ist die Netzabdeckung in China optimal. Sendemasten, manchmal getarnt oder verschönert als Betonbaum, stehen auch noch im letzten Winkel des Landes. China ist ein Überwachungsstaat, total und allumfassend mit einer Firewall und einem Intranet, in das von außen nichts eindringen darf. Die Chinesische Mauer der Neuzeit.

Die digitale Gesichtserkennung ist weit fortgeschritten und es wird auch daran geforscht, Menschen an ihrer Gangart und Körperhaltung zu identifizieren. Ziel ist es, den perfekten Menschen zu schaffen, ohne Makel, ohne Geheimnisse, überwacht bis ins Schlafzimmer. Und weil die Chinesen so selfieverliebt sind, liefern sie den Überwachungsbehörden auch gleich noch die passenden Bilder dazu. Sagen wir es mal offen, was kann einer Staatsführung, die totale Kontrolle anstrebt, Besseres passieren, wenn das Volk die Überwachungsgeräte sogar aus der eigenen Tasche bezahlt. Eine wahre Win-win-Situation. Die Menschen haben ein schönes Spielzeug, sind damit beschäftigt, kommen nicht auf dumme Gedanken oder gar revolutionäre Ideen. Gleichzeitig erfährt der Staat alles über sie. Wer sich nichts zu Schulden kommen lässt, hat schließlich nichts zu befürchten.

Mein Freund der Triebling ist da

Ich habe in China vor, mir etwas zu Schulden kommen zu lassen. Auch auf die Gefahr hin, auf einer schwarzen Liste zu landen und nie wieder ein Visum zu kriegen. Touristen ist es in China nicht erlaubt, selbst ein Fahrzeug zu lenken, es sei denn, man fährt organisiert vom Reisebüro auf vorher festgelegten Routen mit chinesischer Begleitung im Konvoi. Internationale Führerscheine sind ungültig. Wie aber definieren die Chinesen ein Fahrzeug? Wann ist ein Rollstuhl ein Rollstuhl und wann wird er zum Fahrzeug? Ein Vabanquespiel. Ich habe es mir von vornherein abgeschminkt, selbst eine kleine Teilstrecke der Route in Handarbeit zu fahren. Was auf meinen Reisen durch Indien und auch entlang des Mekong selbstverständlich war, kann ich meinen Schultergelenken heute nicht mehr zumuten. Wenn man sich 37 Jahre lang mit den Armen fortbewegt, hinterlässt das seine Spuren. Was kein Grund ist, auf das Reisen zu verzichten.

Bei den ungeheuren Dimensionen in China war jedoch von Anfang an klar, ein Antrieb muss her, ein Verbrenner. Nicht elektrisch, weil die geplanten Tagesetappen zu häufige und lange Ladezeiten erfordert hätten. Drei mögliche Varianten standen zur Verfügung. Die erste, einen Motor vorne auf dem Handbike, schloss ich schnell aus. Denn dort musste ich das Gepäck und den Fotokoffer unterbringen. Ein Motor unter dem Rollstuhl, die zweite Variante, wäre technisch nur schwer zu realisieren gewesen. Einzig ein Wagen, den ich hinten am Rollstuhl anhänge, schien mir machbar. Ein Anhänger mit einem montierten Motor, der nicht gezogen wird, sondern schiebt.

Während der vielen Planungsstunden in meiner Werkstatt hat mich vor allem ein Gedanke umgetrieben: Werden die Behörden bei der Einreise, werden die Polizisten auf der Straße in meinem erweiterten Rollstuhl ein Fahrzeug sehen, das eine Zulassung benötigt, einen chinesischen Führerschein erfordert – und werden sie, weil ich all das nicht besitze, mir das Fahren verbieten? Oder bleibt ein Rollstuhl ein Rollstuhl, auch mit Antrieb? Auf Deutschlands Straßen wäre diese Konstruktion illegal und würde den Führerschein kosten – mindestens. Bis zu einer Geschwindigkeit von sechs Stundenkilometern ist ein solcher fahrbarer Untersatz ein zulassungsfreier Krankenfahrstuhl, bis 25 Stundenkilometer und Unterstützung durch die Handkurbel am Handbike ein ebenfalls zulassungsfreies Pedelec. Mein Plan war allerdings, einen Benzinmotor an den Rollstuhl zu hängen, der 50 Stundenkilometer schafft.

Welch ein Wahnsinn, wenn ich heute darüber nachdenke, welch Wahnsinn zu glauben, die chinesischen Polizisten würden mich gewähren lassen, welch Wahnsinn, dies Vehikel zu erschaffen, ohne die Straßenverhältnisse zu kennen, ohne einen Schimmer zu haben, wie der Anhänger nach China zu importieren ist. Aber als ich das erste Mal mit 55 Stundenkilometern über die Nebenstraßen um unser Dorf düste, erfasste mich diese unbändige Euphorie, ein Fieber, das mich bis zur Abreise in seinen Bann schlug. Es gab kein Halten mehr. Optimismus flutete mein Denken, in dem alle Zweifel ertranken.

Diese Gabe, aus einem großen Depot Zuversicht zu schöpfen, hat mir meine Mutter vererbt. Sie, die vier Jungs unter schwierigsten Bedingungen groß gezogen hat, unter einer unglücklichen Ehe litt und, als sie all das hinter sich hatte und ihr Leben endlich genießen konnte, viel zu früh sterben musste. Als sie erfuhr, dass ihr Sohn nach einem schweren Motorradunfall mit einer Querschnittslähmung im Krankenhaus lag, setzte sich diese kleine große Frau, mit zwei Piccolo-Fläschchen in den Zug, fuhr quer durch Deutschland, um mit mir darauf anzustoßen, dass ich dem Tod noch einmal von der Schippe gesprungen war. Das ist Optimismus. Wenn ich heute gefragt werde, woher ich die Kraft nehme, erzähle ich von meiner Mutter.

Jetzt ist es soweit. Ich bin unterwegs zum UPS-Büro, um meinen kleinen Freund abzuholen. Tags zuvor kam eine Nachricht im Hotel an, er hätte den Zoll passiert. Nun freue ich mich auf unser Wiedersehen. Bevor ich ihn in Empfang nehmen kann, verlangen die Behörden eine unterschriebene Vollmacht, aus der hervorgeht, dass ich dazu berechtigt bin. Natürlich unterschreibe ich die Vollmacht gerne selbst. Mit rundem rotem *BluePlanetPicture*-Stempel, der die eigenen Adress- und Firmenangaben kundtut, darüber. Den muss ich erst noch anfertigen lassen. Denn ohne ihn ist in China nichts gültig, also auf zum Stempelmacher. Nach zwei Stunden liegt mein Triebling gut verstaut im Kofferraum des Taxis. Danach

Die Mündung des Jangtse markiert eine riesige Edelstahlkonstruktion. Hier beginnt mein Abenteuer. Nachdem ich mir selbst eine Berechtigung ausgestellt habe, meinen Freund empfangen zu dürfen, kann ich ihn mitnehmen.

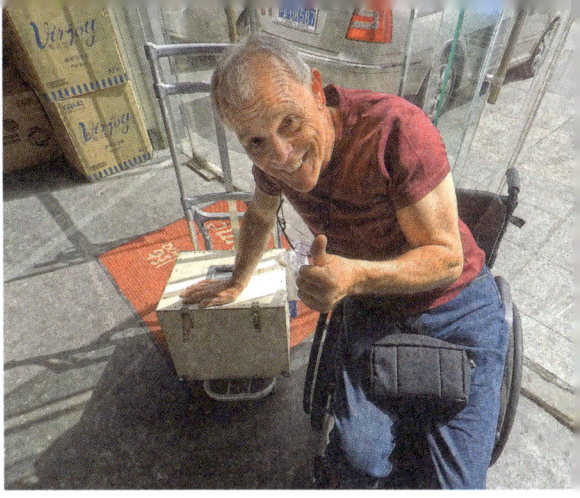

Honda GX120, ein unverwüstlicher Viertakter mit obenliegender Nockenwelle. Reifen, Lager und Kettenritzel stammen aus dem Go-Kart-Bereich. Was gestern noch Landstraße war, ist heute Autobahn. Nicht versehentlich auf verbotenen Straßen zu landen, war ein großes Problem für mich.

machen wir noch einen Umweg über die Tankstelle, um drei Liter Sprit zu zapfen.

Am Dienstboteneingang vom Hotel packe ich die Kiste aus und montiere meinen kleinen Freund, den Triebling. Das Podest hat genau die richtige Arbeitshöhe. Bisher hat niemand vom Hotel Notiz genommen von dem, was ich treibe. Aber kurz nachdem der Page um die Ecke geschaut hat, läuft das Personal auf. Da gelingt es mir doch, die Chinesen, die mit allen Wassern gewaschen sind und die man mit kaum etwas aus der Reserve locken kann, noch zum Staunen zu bringen. Vom Zimmermädchen bis zum Koch, alle lassen ihre Arbeit liegen, um zuzuschauen, was hier entsteht.

Aber erst als die breiten Pneus und die Deichsel montiert sind, kapieren meine Zuschauer, was hier vor sich geht. Ich kann es kaum erwarten. Schnell klemme ich das Handbike an den Rolli, docke den Triebling an die Achse und befestige den Gasgriff. Wie bizarr, ein Gasgriff vom Motorrad am Rollstuhl, nein, verrückt und fantastisch und ein Versprechen auf große Freiheit. Jetzt kommt der Moment, in dem ich meinen Freund zum Leben erwecke. Ich ziehe am Seilstarter und prompt ertönt dieses kräftige Röhren, das in meinen Ohren wie eine Aufforderung klingt: Los, gib es mir, ich schiebe dich durch China. Nur ein paar Millimeter muss ich drehen, um die Gier und Aggressivität von vier Pferdestärken hinter mir zu spüren. Wow. Obwohl ich in der Testphase zuhause über 3000 Kilometer zurückgelegt hatte und das Kraftpaket hinter mir kenne, überrascht mich die Vehemenz des plötzlichen Schubs erneut.

Nach einer Runde auf dem Hotelparkplatz will ich auf die Straße. Einmal am Bund rauf und wieder herunter. Der Verkehr ist moderat, fordert jedoch meine volle Aufmerksamkeit. Alle Fahrzeuge in meinem Dunstkreis muss ich im Blick behalten, Schlaglöcher und Speedbreaker früh erkennen, Ampeln beachten, Smartphone-Zombies, die blind über die Straße stolpern, nicht anfahren. Der gläsernen Skyline von Pudong links und den Kolonialgebäuden rechts kann ich keine Beachtung mehr schenken. Unversehrt kehre ich zum Hotel zurück. Für morgen plane ich eine eintägige Testfahrt mit vollem Gepäck ans *Lands End,* also an den Punkt, wo der Jangtse schlussendlich in das Meer mündet, keine 50 Kilometer von der Stadtmitte entfernt.

Die Mädels an der Rezeption sind mir behilflich, einen Fotografen für den heutigen Tag zu engagieren, er soll mir mit einem Auto und Fahrer folgen, um Videos und Fotos von mir in Aktion zu machen. Er spricht Englisch, stimmt aber nur unter der Bedingung zu, mich im Falle einer Polizeikontrolle nicht zu kennen. Mit mir und meinem Vehikel in Verbindung gebracht zu werden, könnte sich negativ auf sein Punktekonto auswirken.

Ich wusste, China wird mich fordern, aber dermaßen? Autobahnen sind fünf Stockwerke hoch, Straßenschilder, nicht zu entziffern, Passanten verstehen mich nicht und das mit einem Navi, das, letztes Jahr aktualisiert, heute hoffnungslos veraltet ist. Immer wieder lande ich auf Autobahnzubringern und habe größte Not, diese wieder zu verlassen, ohne zum Geisterfahrer zu werden. Eigentlich hätte ich den Huangpu-Fluss, einen der Mündungsarme des Jangtse, überqueren müssen. Es ist eine verrückte sechsspurige Spiralkonstruktion, die sich zwischen Wohnsilos in schwindelerregende Höhe windet, bis sie den Fluss weit über den Containerschiffen überspannt. Ich brauche Hilfe. Der Fotograf, der mir bis hier gefolgt ist, fährt nun voraus und leitet mich über Straßen, auf denen ich nicht auffalle, aus der Stadt. Bei Xinchengzhen am Dishui Lake, einem künstlichen See an einer halb fertigen Trabantenstadt ohne Gesicht, mündet der Jangtse. Eine zwei Meter hohe Flutmauer versperrt mir die Sicht. Ich stehe direkt am Meer, kann es hören und riechen, blicke aber auf nackten Beton. Für solche Fälle, wenn Barrieren mich behindern, habe ich eine Drohne dabei. Zusammengeklappt ist sie kleiner als ein Camcorder und leichter als meine Spiegelreflexkamera. Sie dient mir sozusagen als mein erweitertes Auge. Mein Smartphone in der Steuerung mit entsprechender App zeigt mir, was die Drohne sieht. Aber das ist hier wenig spektakulär, außer Schlick und Plastikmüll zwischen spärlichem Gras, und einem grauen Meer ohne Horizont, gibt's da nichts zu sehen. Na ja, denke ich, hoffentlich ist das andere Ende des Flusses im tibetischen Hochland fotogener.

Shanghai könnte mich noch lange zum Staunen bringen. Aber ich will los. Vor mir liegen 6000 Kilometer mit ungewissem Ausgang. Im Rollstuhl – keine Ahnung, was aus meinem Plan wird. Mein Ziel sind die Tanggula Mountains, die Quelle des Jangtse.

Meine Recherchen ergaben nichts Gutes. Tibet-Reiseveranstalter verkaufen nur Pauschalreisen, die Jangtse-Quelle gehört nicht dazu. Das staatliche chinesische Reisebüro warnte mich sogar mit dem Hinweis, die Tanggula Mountains liegen in militärischem Sperrgebiet. In der Globetrotter-Szene ist niemand bekannt, der einmal dort war. Einzig ein selbstständig arbeitender Bergführer, den ich über das Internet in Tibet aufgetrieben hatte, bot mir eine viertägige Trekkingtour zur Quelle an, *„no problem"* – für 20 000

Euro. Ein Spitzbube. Außer einem chinesischen Filmteam, staatlich beauftragt, war in letzter Zeit niemand an der Quelle des Jangtse. Verständlich, denn dem Quellgebiet fehlt jegliche Hochgebirgsdramatik, die wir zwischen Everest und Nanga Parbat kennen. Er entspringt in den Tanggula Mountains, einem 6000 Meter hohen Massiv, das sich aus der 4500 Meter hohen Ebene des tibetischen Hochlandes erhebt. Aber all das liegt in weiter Ferne. Mein Tagesziel heute ist Suzhou, gut 80 Kilometer westlich von Shanghai.

Ich mache mich also daran, das Seagull Hotel in Shanghai zu verlassen. Es ist reichlich renovierungsbedürftig, die Lage jedoch einzigartig. Durch das Zimmerfenster könnte ich die Waibaidu-Brücke, *The Bund*, also die historischen Gebäude und die Skyline von Pudong gleichzeitig sehen, wenn das Fenster denn sauber wäre. Außen scheint der Smog von Jahren daran zu kleben. Öffnen lässt sich nur das rechte Fenster, das aber wegen des nicht verrückbaren Bettes für mich unerreichbar bleibt. Noch einmal schaue ich auf das verwaschene Panorama und schließe die Tür hinter mir. Wenn ich dieses Zimmer das nächste Mal betrete, wird die Reise hinter mir liegen. Dieser Gedanke geht mir im Aufzug durch den Kopf. Welch ein Trugschluss!

Alle medizinischen Hilfsmittel, von denen ich abhängig bin, habe ich in fünf Chargen aufgeteilt und sie an Hotels in Chongqing, Kunming und Lijiang geschickt sowie einen Teil für Notfälle hier im Seagull deponiert. Der Rest steckt in meinen Fahrradpacktaschen am Handbike. Für einen schnellen Zugriff liegt darüber der Fotokoffer mit SLR-Kamera und vier Objektiven, das Volumen unter dem Rollstuhl beherbergt die Drohne mit Ersatzteilen, einen Camcorder, und eine Flasche Reservebenzin. Mit einem Griff nach hinten erreiche ich das Fotostativ. Diese 130 Kilo schaffen Stabilität und einen perfekten Geradeauslauf. Selbst freihändig bleibt mein Vehikel in der Spur. Ich verlasse den Hotelparkplatz durch ein Spalier von Hoteldienern, die mir viel Glück wünschen. Links vorbei an dem ewig miesepeterigen Wachpersonal vor der russischen Botschaft, denen ich nie ein Lächeln abringen konnte, wann immer ich sie auf meinem Weg in die Stadt passierte. Aber jetzt, gleichsam als Abschiedsgruß an die Griesgrame, lasse ich den Motor vor ihnen aufheulen. Der Lärm erfüllt für einen Moment die Hochhausschluchten. Immerhin schauen sie mir nach, für ein Lächeln reicht weiterhin der Krach nicht.

Links lasse ich die Waibaidu-Brücke liegen, vor der immer Hochzeitspaare in voller Montur posieren. Manchmal stehen sie in der

Warteschlange, so beliebt ist dieses Wahrzeichen der Stadt. Etwas Schönes an dieser Stahlkonstruktion aus dem letzten Jahrhundert kann ich allerdings nicht entdecken. Bis Suzhou folge ich dem Wusong-Jiang-Fluss, der im großen Taihu-See bei Suzhou entspringt. Hier in Shanghai, direkt an der Waibaidu-Brücke, mündet er in den Huangpu-Fluss. Am rechten Flussufer fahre ich auf diesem herrlich breiten Fußweg aus der Stadt hinaus. Das ist das Schöne am Rollstuhl. Er gibt mir die Freiheit, sowohl Straßen als auch Fußwege und Radfahrwege zu nutzen. Gern würde ich über Autobahnen düsen, dort, wo mich kein Querverkehr, keine entgegenkommenden Linksabbieger und keine Schlaglöcher zu plötzlichen Vollbremsungen zwingen. Dort könnte mein kleiner Freund zeigen, was er kann. Leider sind Rollstühle auf Autobahnen aber nicht erlaubt, und ich will der Polizei keine Gelegenheit bieten, den Rolli zu konfiszieren. Auf meinen Reisen durch den Iran, durch Syrien, Jordanien und Indien hatte ich selten Skrupel, auf Autobahnen den Standstreifen zu befahren. Den teilte ich mir ohnehin mit Pferdekutschen, Mopeds und Fußgängern. Aber China, in dem hochmotorisierte SUVs beliebt sind, ist ein anderes Kaliber.

Schon bald passiere ich den Jadebuddha-Tempel auf dem gegenüberliegenden Ufer. Mit dem Argument, mein Rollstuhl würde den Tempel beschmutzen, wurde mir gestern das Betreten verweigert. Die lebensgroße, drei Tonnen schwere Buddhastatue aus Jade habe ich nicht zu Gesicht bekommen. Stattdessen wurde mir am Kassenhäuschen ein Prospekt in die Hand gedrückt, auf dem die Figur abgedruckt war. Werdet glücklich mit eurem Jadebuddha, wand ich mich brüskiert ab. Mit solchen Fehlschlägen muss ich leben. Chinesen lieben Jade. Als Heilstein ist er ein wirkungsvolles Placebo und in seiner reinsten Form so teuer wie Diamant. Da Jade in China kaum vorkommt, wird Myanmar geplündert. Auch der Drei-Tonnen-Buddha stammt aus Myanmar.

Rechts erheben sich unschöne, 30 Stockwerke hohe Wohnsilos, aus denen die Menschen stammen, die meinen Fahrweg für ihren Frühsport nutzen. Überall gibt es Fitnessgeräte, an denen man sich austoben kann. Es sind Momente ohne geschäftiges Treiben, in denen man Zeit hat, sich mit mir zu unterhalten. Obwohl ich weiß, wo es langgeht, frage ich nach dem Weg, denn es ist eine Gelegenheit, Kontakt aufzunehmen, sofern es eine gemeinsame Sprache gibt. Notfalls hilft das Smartphone mit Sprach-App, mit dem auch noch Frauen in hohem Rentenalter erstaunlich geschickt umgehen können. Flinker als ich.

Endlich Gas geben. Ein Fotograf, den ich für einen Tag engagiert habe, hat geistesgegenwärtig im richtigen Moment abgedrückt.

Suzhou, einst Venedig des Ostens

Shanghai, das Paris des Ostens (habe ich da etwas übersehen?) liegt nun hinter mir, erste Felder und dazwischen immer wieder flache Häuser sehe ich. Aber es bleibt dicht besiedelt. Infrastruktur wie Autobahnen, Bahnstrecken, Kanäle und Hochspannungsleitungen dominieren die Landschaft. Jeder freie Quadratmeter wird beackert. Und schon tauchen die ersten Wolkenkratzer vom Venedig des Ostens auf. Da bin ich gespannt. Marco Polo fand die Stadt „großartig". Das schraubt meine Erwartungen an Suzhou hoch. Sie liegt am Kaiserkanal. Mal schauen, was aus ihr geworden ist, seitdem ich das letzte Mal hier war. *„Herrliche Alleen ohne ein Auto durchziehen die Stadt"*, schrieb ich 1986 in mein Tagebuch. *„Eine Freude ist es, mitten auf der Straße zu rollen, den Radfahrern zuzuwinken und zu sehen, wie viel Vergnügen es ihnen bereitet, mein dilettantisches ‚Nihao' zu erwidern. Ich mag die Chinesen."* Fahrräder gibt es noch immer. Sie stehen zu Hunderten auf Fahrrad-Parkplätzen zum Freischalten per Smartphone-App bereit und können an jeder dritten Ecke wieder abgestellt und verriegelt werden. Quietschgelbe Einheitsesel mit unplattbarer Vollgummi bereifung, bei denen sich kaum jemand die Mühe macht, den Sattel und Lenker seiner Körpergröße anzupassen. Wer darauf fährt, bietet einen ausgesprochen eseligen und mitleiderregenden Anblick, dem die Schufterei anzusehen ist. Nichts im Vergleich zu den stolzen Chinesen auf ihren hohen Rädern von damals. Manchmal sehe ich sie noch, diese alten Räder aus Maos Fabriken. Heute frisiert mit Elektroantrieben, die an Abenteuerlichkeit meinem Triebling in nichts nachstehen. Wer die Kohle hat, sitzt am Lenker seines Autos und verstopft die Straßen von Suzhou. Die, die noch darauf sparen, begnügen sich mit elektrisch angetriebenen Rollern, die sich mir lautlos von hinten nähern. Eine neue Gefahr, zumal mein Triebling mit seinem Lärm alles übertönt.

Dass ich hier in Suzhou noch etwas von damals wiedererkenne erwarte ich nicht. China hat in den letzten 30 Jahren eine Entwicklung durchgemacht, die in der Menschheitsgeschichte einzigartig ist. Wofür die Europäer 150 Jahre brauchten, hat China in einer Generation geschafft.

Alte Bausubstanz wurde abgerissen, um Platz für Wohngettos und Geschäfte zu schaffen. Selbst Gebäude von historischem Wert baut man lieber neu auf, statt sie zu restaurieren. Die schmalen Kanäle, die Marco Polo an seine Heimat erinnerten, wurden zum großen Teil schon vor der Kulturrevolution zugeschüttet und mit Straßen überbaut, den übrigen machte das rasante Wirtschaftswachstum den Garaus.

Um Touristen ein paar Happen hinwerfen zu können, ließ man einige unberührt. Diese zu fotografieren erfordert Durchsetzungsvermögen. Damit meine ich das, was Chinesen so gut beherrschen, wenn alle das Gleiche wollen, nämlich das Drängeln. Die Brücken, von denen aus man Einblicke in die Kanäle bekommt, sind rar und voll besetzt. Die Boote auf den Kanälen sind es auch. Und so bekommt die ganze Szenerie etwas von einem Affenhaus, in dem sich gegenseitig angeglotzt wird. Ein Bild, das halbwegs Idylle zeigt, ist kaum zu machen. Hier wird Fotografie zur Kunst des Weglassens, wenn man nicht Horden von Touristen zeigen will. Ich halte drauf. Meine Bilder dürfen zeigen, dass China 1,4 Milliarden Menschen hat. Kurz vor Sonnenaufgang am nächsten Morgen dann das Kontrastprogramm. Den meisten Chinesen ist ein ausgiebiges Frühstück zum Glück noch etwas lieber.

Nun also die berühmten Gärten von Suzhou. „Ein Muss für jeden Touristen" lese ich auf der Webseite. Wie wahr. Ich muss mich zwingen, denn einen habe ich schon gesehen. Ich muss mir den Garten mit Hunderten teilen, muss zu viel Eintritt zahlen und muss wegen zu vieler Stufen doch auf einen Großteil der Grünanlage verzichten. Jeder Gartenliebhaber mag mich jetzt Banause schimpfen, aber nach zwei Gärten kenne ich sie alle. Gewiss, die Ruhe vor dem Lärm der Stadt ist an diesen Orten bestechend, aber ich bin nicht nach China gekommen, um Ruhe zu suchen.

Meine Aufmerksamkeit wird von einem regelmäßigen Knallen, Pistolenschüssen gleich, angezogen, das aus einer der verwinkelten Ecken des Gartens kommt. Es ist der Peitschenmann, der hier durch seinen Frühsport den Lärm verursacht. Es würde mich umhauen, käme ich ihm zu nah. Eine veritable Kette, gut fünf Meter lang, schleudert der Bodybuilder umher, als kämpfe er gegen

Das ehemalige Venedig des Ostens hat ähnliche Probleme wie die Stadt am Markusplatz: zu viele Touristen. Die Parkanlagen in den lärmenden Städten bieten willkommene Ruheorte.

Trotz ihrer Schüchternheit ist Posieren vor meiner Kamera für die drei Frauen kein Problem. Für meine Videoaufnahmen hat er seine Peitsche besonders laut knallen lassen.

einen riesigen feuerspeienden Drachen. Dabei muss er aufpassen, sich die Kette nicht selbst um die Ohren zu hauen oder von der schieren Schwungmasse mitgerissen zu werden. Meine Videokamera spornt ihn zusätzlich an, jetzt gibt er alles. Von Stolz erfüllt, breit grinsend und erschöpft schaut er sich das Ergebnis auf dem Bildschirm an und belohnt mich mit einem herrlichen Blick auf seine Goldzähne.

Dieser Park hat mehr zu bieten als Bäume und Sträucher. Und wahrhaftig, in der letzten Ecke, in die sich kaum jemand verirrt, beobachte ich drei junge Frauen, in traditionelle Kleider gehüllt, hübsch geschminkt, beim Einstudieren von Szenen für eine Theateraufführung. Sie verstehen Englisch und würden es auch sprechen, wenn sie nicht so verdammt schüchtern wären. Aus Angst, etwas falsch auszusprechen und damit einen Gesichtsverlust zu erleiden, bringen sie kaum ein Wort heraus. Immerhin erfahre ich, dass sie für einen Auftritt am großen Buddha in Wuxi proben. Der soll in zwei Monaten stattfinden. Ihre Einladung kann ich leider nicht wahrnehmen, in zwei Monaten werde ich über alle Berge sein. Aber sie empfehlen mir trotzdem, Wuxi einen Besuch abzustatten, die Stadt sei wirklich sehenswert.

Zunächst aber will ich nach Tongli, keine 20 Kilometer von hier. Der Ort wird wegen seiner Ursprünglichkeit angepriesen. Hier gibt es noch ein im Original erhaltenes Kanalsystem, in dem der Kahn wie seit jeher das einzige Transportmittel ist. Und hier verstehe ich auch, was Marco Polo dazu bewog, Vergleiche mit Venedig anzustellen. Straßenverkehr gibt es hier nicht und er wäre auch nicht möglich. Das Leben spielt sich auf dem Wasser oder den angrenzenden Fußwegen ab. Frauen hocken am Ufer, schrubben ihre Wäsche, schwimmende Gärten auf Reisiguntergrund, in denen Kräuter gedeihen, werden vom Boot aus gepflegt, die Müllabfuhr rudert von einem Haus zum nächsten. An den Häusern mit großem Dachüberstand hängen rote Lampions, Kähne gleiten lautlos auf und ab. Motorboote sind verboten. Es sind Alleen mit dichtem Baumbestand, die Schatten auf die Kanäle werfen. Dass auch hier der Tourismus Haupteinnahmequelle der Bewohner ist, zeigt sich an den vielen Restaurants am Ufer. Daran hätte kein normales chinesisches Dorf so hohen Bedarf. Aber jetzt in den frühen Morgenstunden liegen die Touristen noch in ihren Betten.

Ich holpere über das grobe Kopfsteinpflaster, bin davon genervt. Handbike und Triebling habe ich im Hotel außerhalb des Dorfes deponiert. Vermutlich hätten sich die Bewohner in der

Sui-Dynastie vor 1500 Jahren über solch schöne Gehwege gefreut, aber die saßen sicher nicht im Rollstuhl. Dem Pflaster vor mir ist meine volle Konzentration gewidmet. Der nächste hervorstehende Katzenkopf könnte mich gnadenlos aus dem Rolli katapultieren. Für die Brücken über die Kanäle bräuchte ich zwei kräftige Touristen, aber die frühstücken noch, sie kommen erst, wenn ich schon weg bin. So muss ich riesige Umwege fahren, wenn ich das Dorf von allen Seiten sehen will.

In einer Gasse dann die Erkenntnis, dass auch Chinesen für den größten Quatsch noch ein Museum brauchen. Was ein Sexmuseum hier verloren hat bleibt mir ein Rätsel. Riesige steinerne Penisse strecken sich mir darin entgegen, stoßen ab. Albernheiten für Leute, die sich für peinlichste Selfies nicht zu schade sind. Umgehend kehre ich diesem Blödsinn den Rücken und werde an der Kasse darauf hingewiesen, dass ich einer der letzten Besucher gewesen bin, das Museum soll geschlossen werden. Welch weise Entscheidung.

In dieser Region mit ihren Wasserdörfern, Seen und Mündungsarmen des Jangtse begannen die Chinesen zu graben. Fünfhundert Jahre nach Christus schaufelten sie einen Kanal aus. Dreißig Jahre später kamen sie in Peking an, 1800 Kilometer entfernt und schufen damit den Kaiserkanal, die bis heute längste von Menschenhand geschaffene Wasserstraße der Welt. Zum Teil ist sie noch immer in Betrieb, auch um Touristen eine reizvolle Alternative zu bieten, wenn sie von Suzhou nach Hangzhou reisen wollen. Die Möglichkeit gab es bereits 1986. Heute lese ich in meinem Tagebuch, welche Strategien ich damals entwickeln musste, um das Boot zu besteigen.

„Es ist fünf Uhr in der Früh, ich stehe am Pier in einem ungeheuren Gedränge, einer Wand aus blauer Einheitskleidung. Auf Augenhöhe mit den sechsjährigen Kindern an der Hand ihrer Eltern bewege ich mich mit dem Strom in der Hoffnung, dass alle das gleiche Ziel haben wie ich, das Boot nach Hangzhou. Jetzt die wackeligen Holzbohlen überqueren. Der Kahn schaukelt hin und her, ein Geländer gibt es nur einseitig. Einen der Passagiere, ein kräftiger junger Mann mit wenig Gepäck in der Schlange hinter mir, hatte ich mir bereits ausgeguckt, hatte ihn angelächelt, ‚nihao' gesagt, also eine Beziehung aufgebaut. Jetzt muss meine Vorarbeit Früchte tragen. Ich schaue ihm fordernd in die Augen, mache mit eindeutigen Handbewegungen klar, dass er es ist, der mir ins Boot helfen soll. Er schaut sich um, hofft vielleicht, dass jemand hinter ihm gemeint ist. Mein Plan geht auf. Der folgende Ablauf ist immer der gleiche. Hilft einer,

helfen alle. Die Chinesen können echt gut schleppen. Ich muss sie nur von ihren Berührungsängsten befreien. Die Hilfsbereitschaft übersteigt sogar ihre Fähigkeiten. Ein Methusalem, der sich selbst kaum auf den Beinen halten kann, will noch zupacken, muss von seinem Sohn zurückgehalten werden. Mir wird ein Schlafplatz am Fenster zugewiesen, von wo ich die einfachen Holzhäuser am Ufer sehe. Der Kaiserkanal ist extrem eng und flach. Als letztes Glied einer Kette von Kähnen, die vorn von einem Schlepper gezogen werden, gleiten wir fast lautlos dahin. Hin und wieder schrammt der Kiel über den Grund, was das ganze Boot erzittern lässt. Es kracht und knirscht immer wieder, wenn Lastkähne uns zu nahe kommen und es zu Kollisionen kommt. Aber niemand gerät in Panik, das muss wohl so sein."

Paris copy-and-paste

Mein Triebling brummt willig, 35 Stundenkilometer sind mir genug, die Straße ist herrlich glatt, ohne Schlaglöcher. Die gibt es ohnehin nicht oft. Dieses Mal will ich aber nicht nach Hangzhou, sondern einer seiner Vororte, Tianducheng, ausgesprochen *Tüchen*, ist mein Ziel. Wenn es im Osten ein Paris gibt, dann ist es Tianducheng. Sein Wahrzeichen kann ich schon von Weitem ausmachen. Der Eiffelturm hier ist nur gut 100 Meter hoch, davon abgesehen ist er jedoch eine perfekte Replika. Weil Chinesen Paris so sehr lieben, haben sich Investoren im Jahre 2007 gedacht: Bauen wir das doch einfach nach, und machen großen Gewinn, wenn wir Wohnungen an den originalgetreu nachgebildeten Champs-Élysées mit Blick auf den Eiffelturm verkaufen. Ich bin der einzige Mensch unter der Stahlkonstruktion, sonst ist alles wie in Paris. Der Turm, die gusseisernen Straßenlaternen, die Springbrunnen und die breiten Boulevards mit Buchsbaumhecken, die typischen Häuser im Haussmann-Stil mit Fenstern, die zum Boden reichen, sowie schmiedeeisernen Geländern an den Balkonen, gemauerten Kaminen und kleinen Erkern an den steilen Schindeldächern. All das sehe ich, aus der Distanz betrachtet, wenn ich durch die Bögen der vier Füße des Eiffelturms schaue. Hinter mir jedoch das Grauen: 50 Wohnsilos, jedes 30 Stockwerke hoch, eng an eng. Sie sollen eines Tages das gemeine Volk von Tianducheng aufnehmen. Für die, die mehr Geld haben und ihre Individualität zur Schau stellen wollen, wurde das Paris-Imitat geschaffen.

Meine Drohne verweigert den Dienst, dem Kompass fehlt wegen der riesigen Stahlmenge über mir jegliche Orientierung. So mache ich mich auf den Weg, die Stadt zu entdecken, freue mich auf den ersten richtigen Kaffee, vielleicht ein Croissant dazu, bin gespannt, ob das Savoir-vivre sich kopieren ließ, und vielleicht treffe ich sogar einen „Pariser". Aber die bizarre Dublette enttäuscht. Dieses Paris ist nichts als ein schlechtes Fake. Dem Springbrunnen fehlt das Wasser, der Rasen ist verdorrt und die Plastikblumen auf Straßenlaternen und Balkonen bleichen bereits aus. Schön grün dagegen sind die

Allein die Wahl des Bildausschnittes kann eine eigene Realität konstruieren. Ein Schwenk mit der Kamera um 90 Grad würde die endlosen Hochhaussilos der Stadt zeigen.

Müll sammeln lohnt kaum in Tianducheng, es ist niemand da, der ihn verursacht.
Frau Liu, die mutige Pionierin mit Unternehmergeist, fühlt sich hier wohl.

Büsche und Bäume, die in den Dachrinnen trefflich gedeihen, ungewollt freilich. Die meisten Wohnungen sind leblose Löcher, nur im Erdgeschoss hat sich hier und da eine Jiaozi-Garküche etabliert, ohne Kaffee. Nur Banausen können ein Paris-Imitat erschaffen und dabei das Kaffeehaus vergessen. Obwohl die Architekten es gut gemeint haben, will sich das Pariser Flair einfach nicht einstellen.

Den wenigen Bewohnern, die hier die Stellung halten, ist das egal. Sie sind hart im Nehmen. Frau Liu zum Beispiel. Ich entdecke sie vor ihrem Kindergarten. „Bilingual" prangt darüber. Na, wenn die kein Englisch spricht. Jung ist sie, trägt einen Kurzhaarschnitt, ein mit Pailletten besetztes T-Shirt, eine große runde Brille und aufgemalte Augenbrauen. Sie strahlt vor Freude, als sie mich sieht, brennt darauf, all meine Fragen zu beantworten, macht jedes Mal einen kleinen Hüpfer, bevor sie redet. Als eine der Ersten sei sie hierher gezogen, habe nun diesen bilingualen Kindergarten aufgemacht und, ja, ein paar Kunden habe sie schon. Ich sehe, wie die Kinder ihre Nasen an der Scheibe platt drücken. Aber irgendwie kommt ihr Geschäft nicht so richtig in Gang.

Ich sage, das ist ja wie in Paris hier. Und sie bestätigt, meint sogar: „*Yes, more Paris*" und findet das voll gut, die Stadt sei perfekt. Ich stimme ihr zu, schließlich bin ich Gast hier und weiß mich zu benehmen. Aber als ich darauf hinweise, dass es hier schon etwas einsam ist, trübt sich ihre Stimme: „*Yes, no people, no car, nobody live.*" Die meisten Wohnungen sind verkauft. Häuser und Wohnungen sind für Chinesen die einzige Geldanlage und Geld ist da, jetzt werden Mieter gesucht. Aber es fehlt einfach noch an einer Infrastruktur, und so spekulieren die Besitzer auf satten Gewinn, wenn es eines Tages mehr Arbeitsplätze in der Nähe gibt. In der Hoffnung, dass die Wohnungen bis dahin durch den Verfall nicht wertlos geworden sind. So etwas wird Blase genannt und kann böse schieflaufen.

Dass Grund und Boden generell nur für einen Zeitraum von 70 Jahren erworben werden kann und danach automatisch an den Staat zurück fällt, scheint niemanden daran zu hindern sein Geld in Immobilien anzulegen. Die Chinesen spekulieren darauf, dass der Staat sie schon nicht hängenlässt und das Nutzungsrecht verlängert. Im Moment sind es nur Touristen und Hochzeitspaare, die sich von der Kulisse anlocken lassen. Fotografen vermieten Mantel, Frack und Weste an Besucher, die wissen wollen, wie es ist, in einer europäischen Stadt, in entsprechender Kleidung zu stecken.

Ich flüchte auf die Straße, meinem nächsten Ziel entgegen, bevor mich noch das Paris-Syndrom befällt. Von dieser mysteriösen

Krankheit, man mag es nicht glauben, werden meist japanische, neuerdings auch chinesische Touristen heimgesucht, ausgelöst durch große Aufregung, womöglich auch durch enttäuschte Erwartungen an die Stadt an der Seine. Sie leiden dann unter Angst- und Wahnzuständen und können nur durch eine unverzügliche Heimreise kuriert werden.

Ich will nach Wuxi, den großen Buddha sehen. Die drei Mädels im Park in Suzhou haben so davon geschwärmt. Ich wähle die Route links um den Taihu-See herum, übernachte in Yixing, wo ich über Ctrip, einem chinesischen Reisedienstleister, ein Hotel gebucht habe. Auf der Webseite kann ich gut erkennen, ob das Hotel weitgehend ebenerdig ist, Abstellmöglichkeiten für meinen Triebling und das Handbike bietet und Aufzüge besitzt. Ob ich die Toilette im Zimmer benutzen kann, bleibt ein Rätsel, bis ich davor stehe. Risiko. Voraussetzung für die Erteilung eines Touristenvisums für China in Hamburg war ein kompletter Reiseplan mit schriftlichen Nachweisen sämtlicher Hotelbuchungen. Eine vollkommen blödsinnige Regelung und ungeeignet für meine Art des Reisens, bei der ich nie mehr als drei Tage vorausplane. Keine zehn Minuten, nachdem ich mein Visum in der Tasche hatte, noch auf dem Parkplatz vor dem Visa-Service-Center in Hamburg, habe ich sämtliche Buchungen wieder storniert. Es hat deshalb nie Probleme gegeben. Anscheinend enden an dieser Stelle die Methoden der Überwachung.

Der große Buddha steht auf einer Landzunge, nur wenige Kilometer von meinem Hotel entfernt. Ein riesiger Parkplatz für Hunderte Pkw und das Kassenhaus vor dem mehrere Gatter die Massen in geordnete Bahnen lenken sollen, verspricht große Nachfrage. Aber heute ist nichts los. Eintritt 200 Yuan, rund 25 Euro. Ich habe heute Zeit, bin gut gelaunt, und so gönne ich mir den Spaß, eine Diskussion um den Eintrittspreis anzuzetteln. Nicht dass ich den Preis nicht zahlen könnte. Aber ich sehe die vielen Treppenstufen hinauf zum Buddha schon von hier, was eine Nutzungseinschränkung für mich darstellt und in meinen Augen einen geringeren Eintrittspreis rechtfertigt. Ich halte der Frau hinter der Glasscheibe meinen Behindertenausweis aus Deutschland hin, wissend, dass sie nichts darauf entziffern kann, und zeige auf meinen Rolli. Schon schieben sich weitere Besucher heran. Einem kann ich die Lage auf Englisch erklären und siehe da, ich bekomme freien Eintritt.

Manchmal frage ich mich, was Siddhartha Gautama wohl sagen würde, sähe er, welch ein Hype um seine Person gemacht wird und in welch monströsen Dimensionen die Menschen ihn heute darstellen. Da schaut er auf mich herab, aus 88 Metern Höhe. Mit seiner segnenden Hand scheint er mich grüßen zu wollen, wie Konfuzius in Shanghai. 220 Stufen sind es allein, um zum Sockel zu gelangen. Die Größe beeindruckt mich. Mehr nicht. Vor 50 Jahren noch wurden während der Kulturrevolution Tempel, Klöster und religiöse Symbole von den Roten Garden rigoros zerstört. Bei diesem Anblick könnte ich den Eindruck gewinnen, im Land hat ein Wandel stattgefunden. Wenn heute Größe mit Relevanz gleichgesetzt wird, muss in China nach Mao der Glaube ausgebrochen sein. Aber das täuscht. Noch immer werden Klöster geschleift und aufmüpfige Mönche eingekerkert.

Offiziell ist China ein laizistischer Staat. Genaue Erhebungen gibt es nicht, Schätzungen sagen jedoch, dass etwa 13 Prozent der Chinesen Buddhisten sind, und die leben überwiegend in Tibet. Dieser Bronzebuddha steht im Zentrum eines religiösen Vergnügungsparks, der auf keiner Liste der Reiseveranstalter fehlen darf. Der Buddhismus wird hier zu einem Spektakel degradiert, es ist ein *point of interest,* wie jeder andere auch. In einer dämlichen Show wird Buddhas Geburt aus einer Lotusblüte dargestellt. Danach begießen wasserspeiende Drachen den Neugeborenen. Das wiederholt sich mehrmals täglich. Der Nachbau eines tibetischen Klosters und der Brahma-Palast mit beeindruckendem Interieur erinnert mich an Disney World, ist jedoch weitgehend zweckfrei. Die wenigsten Besucher kommen aus religiösen Motiven hierher.

Aber es gibt sie, die Gläubigen. Ich mache mich auf die Suche nach ihnen. Abseits des Rummels, an einem überdachten Altar, beobachte ich eine junge Frau mit ihrem Baby im Tragetuch. Sie schwenkt ein Bündel qualmender Räucherstäbchen in alle Himmelsrichtungen, spricht dabei Gebete und legt sie dann auf dem Altar ab. Ich folge ihr zu dem lachenden „Budai" aus Bronze. Eine adipöse Darstellung Buddhas, breit grinsend, belagert von einer Vielzahl Kinder, ebenfalls aus Bronze, die tanzend und spielend auf ihm herumhüpfen. Die Frau bewirft ihn mit Geldstücken, streichelt ihm den dicken Wanst und animiert ihr Kind, es ihr gleich zu tun.

„Entschuldigung, was tun Sie da?", frage ich in der Hoffnung, verstanden zu werden. Ich habe Glück, Frau Wang spricht Englisch, ist keine schüchterne Maus und freut sich über meine Kontaktaufnahme. Budai, sagt sie, ist für seine Kinderliebe bekannt. Sie hätte ihm den Bauch gestreichelt und Geld gespendet, damit er immer auf ihr Baby achtet und es behütet. Ob sie sich denn als Buddhistin verstehe, will ich wissen. Als hätte sie auf diese Frage gewartet,

Dass der große Buddha bei Wuxi genau 88 Meter misst, ist kein Zufall.
Die Acht symbolisiert Glück und Reichtum.

erklärt sie mir, dass die Chinesen sehr pragmatisch denkende Menschen sind. Religiös im Verständnis der Europäer sind in China die wenigsten. „Wir glauben an die Drei Lehren. Aus Konfuzianismus, Daoismus und Buddhismus, suchen wir uns einfach das Beste heraus. Aber einen Gott anbeten, nein, das tun wir nicht."

Frau Wang hat bis vor ihrer Schwangerschaft in einem internationalen Konzern gearbeitet und schon häufiger Fragen nach dem Glauben der Chinesen beantworten müssen. In den letzten zwei Jahrhunderten haben mit Unterbrechungen immer die Schriften dieser drei Lehrmeister das soziale Miteinander und teils sogar die Staatslehre in China geprägt. Konfuzius, Buddha und Laozi sind das Bindegewebe der chinesischen Identität. Sie waren Philosophen, Vordenker und Berater ohne imperiale Ambitionen, folgten dem Grundsatz Harmonie statt Hegemonie. Kriegen mit aggressiven Nachbarn versuchte man mit Verhandlungen und Diplomatie, und wenn es sein musste auch durch Geschenke oder geschickte Heiratspolitik aus dem Weg zu gehen. Ganz nach dem Motto: „Schlachten vermeiden heißt sie gewinnen."

Schaue ich mir die heutige Politik Chinas an, ist es offensichtlich genau diese Strategie. Die Nachbarn werden zuerst mit Geschenken überhäuft, davon abhängig gemacht, ausgebeutet und schließlich einverleibt. Und am Ende ist kein Schuss gefallen. So ähnlich wie es die europäischen Kolonialmächte in Asien und Afrika getrieben haben. Die waren allerdings rabiater und haben durchaus mal zur Waffe gegriffen.

Im 19. Jahrhundert gab es in Europa eine große Nachfrage nach Waren aus China wie Seide, Porzellan und Tee. Weil aber die Chinesen an europäischen Waren im Tausch kein Interesse hatten, mussten sie in Gold und Silber bezahlt werden. Das führte zu Unmut und brachte die Briten auf eine perfide Idee. Sie schwangen sich mit Waffengewalt zum größten Drogendealer aller Zeiten auf, verbreiteten die Sucht nach dem Saft der Mohnsamen, was zum ersten Opiumkrieg führte. China wurde am Ende gezwungen, seine Märkte für den Opiumhandel zu öffnen, und musste die Insel Hongkong für 99 Jahre an Großbritannien abtreten. Eine Demütigung, die den Chinesen bis heute in den Knochen steckt.

Aus alledem haben die Chinesen gelernt und einen ähnlichen Landraub 2017 in Sri Lanka betrieben. China hat dem Inselstaat im Indischen Ozean die Schulden gestrichen und sich den strategisch wichtigen Hafen von Hambantota für 99 Jahre überschreiben lassen. Wieder ist die Welt empört.

Huang Shan

Meine Fahrt Richtung Westen führt mich immer an Kanälen entlang. Diese Gegend zwischen Shanghai und Wuhu, meinem heutigen Tagesziel, erinnert an Holland. Es ist flach, ich sehe Getreidefelder und kleine Straßendörfer, in dem jeder Bauer sein Feld hinter dem Haus hat. Manchmal komme ich durch eine Stadt. Die Betonfahrbahn ist voller getrockneter Erdklumpen, plattgefahren von den Traktoren. Viel mehr machen mir die heftigen Dehnungsfugen zu schaffen, die mir jedes Mal einen Schlag versetzen. Außer der Bereifung und dem Kissen, auf dem ich sitze, ist der Rollstuhl ungefedert. Dass das bei 50 Stundenkilometer zu einem Problem werden kann, habe ich geahnt und entsprechend vorgesorgt. Ich beschließe zu stoppen und meine selbst gebaute Federung zu verwenden. Es handelt sich um ein Gelenk mit zwei Gasdruckdämpfern, das ich auf die Achse stecke. Jetzt schaukele ich mit Einzelradaufhängung wie in einem Sofa über die Piste. Nur Kurven werden damit tückisch. Bin ich zu schnell, sackt mein Sitz gefährlich in die Knie und es könnte mich aus dem Stuhl katapultieren. Die dauernde Orientierung mit dem Navi habe ich weitgehend aufgegeben. Viel einfacher ist es, nach Kompass zu fahren. Alle zwei Stunden mache ich eine Standortbestimmung und korrigiere bei Bedarf. Das spart Datenvolumen und Batterie.

Nach einer Weile stehe ich am Jangtse in Wuhu. Ob es Nebel, Qualm oder Smog ist, was mir die Sicht auf das gegenüberliegende Ufer nimmt, bleibt ein Rätsel. Rundum stehen verrostete Industrieanlagen, kohlebeladene Kähne gleiten vorbei, das Ufer ist grau und schlammig. Bei diesem Anblick kostet es mich regelrecht Überwindung, die Kamera zur Hand zu nehmen. Nach dem ersten Foto erspare ich es mir, weitere Motive zu suchen, die Bilder werden alle farblos grau. Gerade will ich mich abwenden, da sehe ich unter den ganzen Lastkähnen ein Passagierschiff auf dem Fluss, das ich kenne. Blassgrüner Rumpf, drei Stockwerke hoch mit einem gelben Schornstein. Es mag nicht dasselbe sein, aber es gleicht dem, das mich damals 1986 von Shanghai nach Wuhan gebracht hat. Auch

Die hässliche Seite des Jangtse bei Wuhu. Die hohe Kunst der Kalligrafie dient vielen als Freizeitbeschäftigung und ist gleichzeitig eine Konzentrationsübung.

das Wetter glich dem heutigen. Drei Tage sah ich kaum das Ufer, und die ganze Fahrt wäre sicher irgendwo in den Tiefen meiner Erinnerungen verschütt gegangen, wenn nicht Wang Lu, mein Kabinengenosse, gewesen wäre.

„Hier sitze ich nun in dieser Zweibettkabine mit Waschgelegenheit. Die Matrosen haben mich über die monströse Spritzwasserschwelle getragen, hier abgesetzt und sind verschwunden. Jetzt brauche ich den richtigen Mitbewohner, sonst wird diese Kabine für die nächsten drei Tage mein Gefängnis sein. Allen Passagieren werden die Kabinen zugeteilt. Auf dem Gang herrscht Aufruhr und Gedränge und plötzlich steht er da mit Sack und Pack. Ein Bär von einem Mann. Ich schaue ihm ins Gesicht und erkenne sofort, das ist der Richtige. Seine Schultern füllen den ganzen Türrahmen aus, so massig, dass ich die Nähte seines verschlissenen Jacketts schon platzen sehe. Breite Hände und die sonnengegerbte Haut sagen mir, er ist ein Arbeiter. Aus einem Gesicht, geprägt von hohen Wangenknochen, mustern mich zwei derart schmale Sehschlitze, dass ich mich einen Moment frage, ob er überhaupt etwas sehen kann. Und sie werden noch schmaler, jetzt, wo sich seine Miene in ein breites freundliches Lächeln verwandelt. Die Fahrt ist gerettet. Drei Tage lang schiebt mich Wang Lu zum Waschbecken, dreht den Wasserhahn auf, reicht mir Handtuch und Seife, hilft mir zur Toilette auf dem Gang, verscheucht alle Neugierigen, weil sich die Tür nicht schließen lässt, ja, er will mich sogar ins Bett tragen. Nur mit Mühe gelingt es mir, ihn davon abzuhalten, ohne ihn zu brüskieren. Mit dem Geschick eines versierten Handwerkers liftet er mich zu den Essenszeiten über die Schwelle. Wir verstehen uns blendend, ohne eine gemeinsame Sprache, ohne ein Wort miteinander reden zu können. Zum Abschied in Wuhan schreibt er mir ein Grußwort ins Tagebuch, das ich nicht entziffern kann.

Erst Wochen später fand ich jemanden, der mir seine Botschaft übersetzen konnte. Es waren warme Worte der Verbundenheit, des Respekts und der Freude über mein Interesse an China.

Ich rolle langsam über den großen Platz am Jangtse-Ufer zurück zum Hotel, schaue nur auf die Steinplatten vor mir, will mich von meinen Gedanken nicht ablenken lassen. Wie mutig das damals war, ganz allein und einfach so im Rollstuhl aufzubrechen. Ohne auch nur einen Schimmer davon zu haben, was mich erwarten wird, ohne Telefon und Internet, mit knapper Reisekasse in der Holzklasse der öffentlichen Verkehrsmittel durch China zu reisen. Lachhaft dagegen die Reisen heute. Selbst den Straßenbelag konnte ich bei den Recherchen ergoogeln. Ich kann immer und überall meine Familie erreichen. Mein Smartphone beinhaltet ein ganzes Regal voller Reiseliteratur, Guidebooks, ein Tagebuch, eine *music libary* und wenn der VPN-Tunnel nicht gerade wieder zerhackt wurde, kann ich mich mit der ganzen Welt verbinden.

1986 war mein Gepäck vor allem gefüllt mit dem 1000-Seiten-Wälzer *China. A Travel Survival Kit,* einem Walkmann und drei Kassetten, die anzuhören ich mir nur einmal die Woche erlaubt habe, um der Musik nicht überdrüssig zu werden. Ganze 20 Filme mit je 36 Bildern Kapazität mussten für die achtmonatige Reise ausreichen. Was aber nicht bedeutet, dass ich heute weniger schleppe. Es sind dabei eine Drohne, drei Videokameras, eine SLR, die 36 Millionen Bildpunkte pro Foto erzeugt, ein Laptop, um der Bilderflut Herr zu werden und sechs verschiedene Netzteile.

Eigentlich ist dieses schlechte Wetter gut. Aller Druck, gute Fotos machen zu müssen, fällt heute von mir ab. Ich kann die Zeit vertrödeln. Gerade habe ich das Ende des Platzes erreicht, da rolle ich über frisch gemalte Schrift. Ich schaue auf, sehe einen bärtigen Mann, der das Pflaster mit einem Riesenpinsel beschriftet. Zwischendurch tunkt er ihn in einen Eimer Wasser, kurz darauf ist sein Text verdunstet. Es sei für ihn so etwas wie Meditation, teilt er mir über die Sprach-App mit. Gedichte sind es und Sinnsprüche aus alten Zeiten, die heute nur noch schwer zu entziffern sind. Gerade schreibt er „Trübe das Wasser vor dem Angeln", was er mir sinngemäß erklärt mit, nimm deinem Gegner vor dem Kampf die Orientierung.

Schön zu schreiben gilt in China als Zeichen hoher Bildung. Kalligrafie steht auf derselben künstlerischen Stufe wie traditionelle Malerei und ist oft in Landschaftsbilder integriert. Populär, auch in Europa, sind vor allem Tuschebilder mit Motiven der Gelben Berge, dem Huang Shan-Gebirge. Mein Ziel für morgen, nur 150 Kilometer von hier. Im Guidebook aus dem Jahr 1986 wird der Huang Shan als „einsame Landschaft, weitab jeglicher Zivilisation" beschrieben. Heute sollte man die Warnungen, nicht am Wochenende oder gar am ersten Mai dorthin zu reisen, ernst nehmen. Es kann voll werden. Heute ist Dienstag, keine Urlaubszeit, kein Feiertag – und es ist voll. Kontinuierlich entleeren sich Busse. Ihre Fracht wird in Gattern kanalisiert, die mich an Schlachthöfe erinnern. Die Herden sind mit gelben, roten, grünen Mützen markiert, damit kein Schaf verloren geht. Sie folgen dem Leithammel, erkennbar am Headset, dem Lautsprecher um den Bauch und der gelben, roten oder grünen Fahne.

Auch im Urlaub sind Chinesen es gewohnt, an Sehenswürdigkeiten Schlange zu stehen. Wer es sich leisten kann, mietet einen Tragstuhl und lässt sich von Trägern durch die Berge schleppen.

Es ist laut und das scheint ein Problem zu sein. Da gibt es nämlich auch Gruppen, die über Funkkopfhörer verbunden sind. Desillusioniert schaue ich auf das Getümmel und frage mich, ob eine schöne Landschaft nur schön ist, wenn ich sie für mich habe, und ob sie mit der wachsenden Zahl seiner Besucher, mit der ich sie teilen muss, massiv an Attraktivität einbüßt. Egal, ich bin so weit gereist, da werde ich nicht kehrt machen, nur weil ich nicht der Einzige bin. Auch ich muss in die Schlange, in die für Fußlahme. Es gibt nur vier Korbsessel-Sänften, und die sind gerade unterwegs. Vor mir warten noch zwei Omis in ihren Rollstühlen. Ihre Angehörigen betreuen sie.

Das ist jetzt also meine große Abenteuerreise durch China. So hatte ich mir das nicht vorgestellt. Jetzt bin ich dran. Der Rolli muss zurückbleiben, etwas, das ich hasse. Immer ist er bei mir, ohne ihn fühle ich mich hilflos. Mein Sessel hat Armlehnen, eine Fußbank, einen Baldachin mit Bömmelchen, die mir die Sicht nehmen und zwei lange Bambusstangen. Die vier Träger sind Profis, machen den ganzen Tag nichts anderes, brüllen jeden an, der im Wege steht. Und es stehen viele im Weg. Hoch über den Köpfen der Touristen gleite ich hinweg, gut gefedert die Trampelpfade hinauf, werde angegafft und fotografiert. Für das perfekte Zoofeeling fehlen nur noch die Gitterstäbe um mich her. Meinen Beinen sieht man nicht an, dass sie nicht gehen können. Die meisten scheinen es lustig zu finden, dass sich da ein kräftiger Mann tragen lässt.

Da ist sie also, diese Landschaft, die so viele Maler inspiriert. Hohe Granitfelsen ragen empor, mit knorrigen Kiefern dazwischen, die jede für sich einem gut gepflegten Bonsaibäumchen gleicht. Sie gedeihen noch an Stellen, wo ich es nicht für möglich halten würde. Wenn ich mir vorstelle, dass Nebelschwaden hindurchziehen, könnten wirklich beeindruckende Fotos entstehen. Aber dafür bin ich zur falschen Zeit hier. Wäre diese Landschaft nicht mit Betontreppen durchzogen, man bräuchte eine gute Kletterausrüstung. So aber lässt sich der Huang Shan auch von Leuten in Stöckelschuhen und Slippern betreten. Und selbst von denjenigen, die gar nicht laufen können. Nach einer Stunde ist die Runde beendet, die die Träger schaffen können. Mehr geht nicht. So muss ich diesen *point of interest* abhaken unter der Rubrik „War wohl nichts".

Verkehrskontrolleure konfiszieren meinen Freund

Umso mehr setze ich meine Hoffnungen auf Zhangjiajie, mein nächstes Ziel. Wenn ich die Tagesetappen von 200 Kilometern halten kann, werde ich in einer Woche dort ankommen. Um den Bergen zu entgehen, muss ich große Umwege fahren, die Täler und Straßen an den Zuflüssen des Jangtse nutzen. Manchmal bieten sich auch die großen Ebenen an, die der Jangtse durchfließt. Xianning, wo ich nach drei Tagen Fahrt ein Hotel finde, ist eine weitere Millionenstadt unter den vielen, die ich bisher gesehen habe und die gleichsam nichts weiter als gesichtslose Ansammlungen von Einheitssilos zum Wohnen sind, jeweils dreißig Stockwerke hoch. Ein solches ist auch mein Hotel für heute. Da kann ich mir sicher sein, einen Aufzug vorzufinden. Der ist ab fünf Stockwerken in China Vorschrift.

Die Halle des Foyers beeindruckt durch ihren grünen und roten Marmor, die Rezeption ist ein riesiger Tresen aus Edelholz. Ich erkenne diesen Kongo-Palisander oder auch Wenge genannt, sofort wieder. In meinem Leben als Fußgänger und Schreiner habe ich dieses harte Holz aus den Tropen oft für edle Inneneinrichtungen verarbeitet. Noch heute erinnere ich mich an den beißenden Geruch beim Sägen und die heiklen, harten Splitter in der Haut. Unbewusst streiche ich mit den Fingerkuppen über die Oberfläche, als könnte ich meine Erinnerungen dadurch verstärken. Aber der Lack verbirgt die besondere Haptik dieses Holzes.

Hotels in Europa, die sich ein solch edles Interieur leisten, wären für mich unbezahlbar. Hier jedoch lasse ich mich nicht davon abschrecken. Das Zimmer mit Badewanne, Kingsize-Betten und Wasserkocher kostet keine 30 Euro. Erschöpft lasse ich mich in das riesige Bett fallen, und frage mich, warum ich derart erledigt bin. Es ist der Verkehr, der Aufmerksamkeit und Energie fordert. Würde ich nach den Regeln fahren, die ich in der

Fahrschule gelernt habe, hätte es schon nach der dritten Kreuzung einen Crash gegeben. Ich muss mich in die Chinesen hineindenken, ihre Verhaltensweisen studieren, um diese auch für mich anzuwenden. Dabei habe ich festgestellt, Chinesen sind brutale Pragmatiker. Verkehrsregeln und Vorschriften werden nach eigenem Gutdünken ausgelegt. Sie werden mit der jeweiligen Situation abgewogen, angewendet oder eben nicht. Beispielsweise würde kein Chinese mitten in der Nacht an einer einsamen Kreuzung auf Grün warten. Darüber hinaus haben Verkehrsregeln für Chinesen ohnehin nur Relevanz, insofern Überwachungskameras ihre Einhaltung beobachten. Ist dies nicht der Fall, muss ich bei grüner Ampel auf Kreuzungen mit Querverkehr von allen Seiten rechnen.

Dabei ist mir klar, auf Erste Hilfe, Notarzt oder Rettungshubschrauber müsste ich im Falle eines Falles lange warten. Und würde ich den Gerüchten Glauben schenken, die besagen, dass viele Chinesen Egoisten sind, denen das Schicksal von Außenstehenden egal ist, müsste ich in ständiger Todesangst leben. Da wird von Fällen berichtet, in denen Unfallopfer schwer verletzt am Straßenrand liegen, ohne dass sich jemand um sie kümmert. Die Angst in Verantwortung gezogen zu werden, hält die Menschen davon ab, sich in die Angelegenheiten Fremder einzumischen und zu helfen. Der fehlende Gemeinsinn in dieser darwinistischen Gesellschaft, der im krassen Widerspruch zu den Lehren des Konfuzius steht, wird dafür verantwortlich gemacht. Die Nächstenliebe, die Konfuzius predigte, wird innerhalb der Familie und des Clans praktiziert. Draußen gelten die Regeln des Ellenbogen. Um dieses Dilemma zu verhindern wurde extra ein Gesetz erlassen, das jeden von der Haftung für schädliche Folgen seiner Hilfsbereitschaft freistellt. Und doch kommt es immer wieder zu Vorfällen, in denen Menschen allein aufgrund fehlender Hilfsbereitschaft umkommen. Das sind Abenteuer, auf die ich verzichten kann.

Immer muss ich die Fahrzeuge in meinem Umfeld im Blick behalten, vorhersagen können, was deren Fahrer im nächsten Moment tun werden, auf Schlaglöcher achten und nach Polizisten Ausschau halten. Die rechtliche Grauzone, in der ich fahre, birgt die dauernde Gefahr, mit der Staatsmacht in Konflikt zu geraten. Sobald Polizei im Rückspiegel oder Kontrollposten vor mir auftauchten, habe ich sofort per Not-Aus den Motor abgeschaltet und die Kurbel gedreht. Meine Spekulation, auf diese Weise als unverfänglich, als jemand betrachtet zu werden, der einen Anhänger mit

Motor hinter sich herzieht (was praktisch gesehen Blödsinn ist), ging bisher immer auf – bisher. Jetzt ärgere ich mich darüber, dass ich zu spät reagiert habe und mit knatterndem Motor mitten hineingefahren bin in die Polizeikontrolle.

Die drei Uniformierten diskutieren nicht lange. Für sie ist die Sache klar. Meinem Fahrzeug fehlt die Registrierung und mir der chinesische Führerschein. Ich bin illegal unterwegs und muss meinen Triebling hier abnehmen, zurücklassen und mit einem Mietwagen abholen. Sie sind freundlich zu mir aber unerbittlich. Keine Weiterfahrt mit dem Motor, auch nicht ausgeschaltet als Anhänger. Vermutlich haben sie meinen Plan, den Triebling hinter der nächsten Ecke wieder anzuschmeißen, sofort durchschaut.

Mir wird der Weg zum Hotel beschrieben, von dem ich gerade aufgebrochen war, dort könne ich ein Auto mieten und den Motor damit später verladen. Niedergeschlagen kurbele ich zurück. Ist dies etwa das Ende meiner Reise? Nein, gescheitert bin ich erst, wenn ich aufgehört habe, es zu versuchen. Im Hotel muss ich einen abstoßend monströsen SUV mieten, um Platz zu haben für den Rollstuhl, das Handbike, den Motor und mein Gepäck Der Fahrer allerdings ist ein sympathischer Kerl. Seine Zuversicht steckt an, macht Hoffnung, denn er meint, in der Nachbarprovinz Hunan, keine 50 Kilometer entfernt, könne ich den Motor, den wir erst wieder bei der Polizei abholen müssen, getrost wieder andocken. Hier weiß doch die eine Hand nicht, was die andere tut. Das sagt er laut und unverdrossen beim Verladen des Motors vor den Augen der Polizisten. Er weiß, deren Bildung ist nur rudimentär. Die englische Sprache gehört nicht dazu. Er ist auch einer dieser Pragmatiker, für den Regeln und Gesetze mehr unverbindliche Ratgeber sind als strikt zu befolgende Handlungsanweisungen. In Hunan beginnt mein Spiel also von Neuem, in der Hoffnung, dass die Verkehrsüberwachung doch nicht so perfekt ist, wie es überall scheint. 🏍

Die erste Kollision mit der Staatsgewalt. Mein Rollstuhl wird als Fahrzeug deklariert, dem das Nummernschild fehlt. Die Reise scheint zu Ende zu sein.

Zhangjiajie

Tags darauf erreiche ich den Rand des Nationalparks Zhangjiajie. Ich bekomme ein Zimmer in einem flachen, nahezu ebenerdigen Touristenhotel. Vor dem Gebäude sind drei Stufen, aber ich finde am Lieferanteneingang eine Rampe, über die ich durch die Küche zur Rezeption gelange. Dort verlange ich den Manager zu sprechen. Das habe ich mir inzwischen angewöhnt. Das Personal hinter den Tresen fertigt Gäste nach Schema F ab, für die Erfüllung von Sonderwünschen fehlen ihnen Geduld und Sprachkenntnisse. Den Ehrgeiz des Chefs herauszufordern, so meine Erfahrung, war oft hilfreich. Der eröffnet mir allerdings, dass wegen der zu erwartenden Schlechtwetterfront der Nationalpark in den kommenden drei Tagen geschlossen bleibt. Wege und Klettersteige sind unpassierbar. Ich bin der einzige Gast im Hotel, alle Reisegruppen haben storniert, die Küche bleibt kalt, der Zimmerservice wird ausgesetzt. Ob es denn generell eine Möglichkeit gibt, mit funktionslosen Beinen etwas von den berühmten Sandsteinfelsen zu Gesicht zu bekommen, frage ich ihn noch. Er druckst herum, will nicht so recht heraus mit der Sprache, meint, dass Träger, die Alte und Kranke durch die Berge schleppen, erst zurückkommen, wenn Hochsaison ist.

Das chinesische Gebot des Gesichtwahrens, was auch das Gesicht des Gegenübers mit einbezieht, hindert ihn daran, Klartext zu reden. Ich helfe ihm auf die Sprünge, sage, was ihm aus Freundlichkeit nicht über die Lippen will und selbst mir schwerfällt auszusprechen: „Ich kann also den Nationalpark schlicht und einfach vergessen, ja?" Kleinlaut bestätigt er meine Befürchtung. Seine Aussage, dass die Straße, die am Rande des Parks entlangführt, manchmal einen Blick auf die Berge ermöglicht, entlarve ich als verzweifelten Versuch, mich zu trösten. Na toll, denke ich, aber wenn es einfach

---

Auf besseres Wetter zu warten, ohne zu wissen, wann es aufklart, kostet Nerven und Geduld.

wäre, könnte es ja jeder. Durch dichten Nebel rolle ich zum nächsten Supermarkt, decke mich mit Pulverkaffee, Tee und Lebensmitteln ein, verschanze mich im Zimmer und schreibe drei Tage an diesem Buch.

Dann klart es auf. Zuerst will ich es gar nicht glauben, dass dieser graue Himmel überhaupt je wieder aufreißen *kann*. Jetzt brauche ich dringend einen Dolmetscher. Einer, der mir hilft, hier im Dorf vier Männer aufzutreiben, die Geld brauchen sowie stark und willens genug sind, mich in die Berge zu schleppen. Inzwischen habe ich nämlich herausgefunden, dass es einen halbwegs erreichbaren Aussichtspunkt gibt. Zwanzig Minuten Fußmarsch über Treppen sind dafür nötig.

Der Hotelchef hilft mir beim Organisieren, will nicht einmal Geld dafür. Vier Burschen aus der Dorfjugend sind schnell gefunden, und einer der Tragekörbe, bis dahin eingelagert in einem Schuppen, steht bereit. Das Schloss davor wurde kurzerhand aufgebrochen. Kein Problem, ich zahle.

Ich weiß nicht, ob es stimmt, was behauptet wird, aber der Regisseur James Cameron soll sich hier, in der Gegend rund um Zhangjiajie, die Inspiration für seinen Film „Avatar" geholt haben.

Als ich den Film zum ersten Mal sah, waren es weniger die monströsen Kriegsgeräte, die mich beeindruckt haben, als vielmehr die Fantasie des Regisseurs, eine Landschaft zu erfinden aus hohen Felsnadeln, die surreal auf Zehenspitzen stehen oder von Nebeln getragen werden. Hier scheint es ganz so, als gäbe es diese Welt wirklich.

Gebannt starre ich auf den Bildschirm vor mir, kann nicht glauben, was ich sehe. Euphorie und Adrenalin lassen mein Herz höher schlagen. Wie der rollstuhlfahrende Protagonist Jake Sully gleite ich mithilfe meiner Drohne vermeintlich schwerelos durch einen Wald von riesigen Felstürmen, sie lässt mich durch das Universum von Pandora schweben. Ich blicke hinunter in endlose Schluchten, lasse bewaldete Gipfel an mir vorbeiziehen, die noch nie ein Mensch betreten hat, steige auf in schwindelerregende Höhen, betrachte diese Fantasiewelt aus der Vogelperspektive und gleite hinab in die Tiefen des Dschungels. Es ist eine durch Erosion in Jahrmillionen entstandene Landschaft. Wassereinschlüsse, die im Winter gefrieren und äußere Teile des Gesteins absprengen, haben diesen phänomenalen Kosmos geschaffen. Darin kann ich mich grenzenlos in jeder Dimension bewegen, frei wie ein Vogel. Alle Barrieren, alle Einschränkungen meiner Bewegungsfreiheit lösen sich in Luft auf und zwar nicht computeranimiert, sondern dies erscheint mir nahezu real.

Real ist allerdings auch die Warnung meiner Steuerung, die mich nach zwanzig Minuten aus meiner Reise durch diese Traumwelt reißt. Batteriestand niedrig. Der Strom im Akku der Drohne könnte für den Rückweg nicht mehr ausreichen. Jetzt bloß nicht in Panik geraten und das Falsche tun. Zunächst muss ich mich über den Bildschirm orientieren, wo ich bin und wo ich hin muss. Mit bloßem Auge kann ich die Drohne schon ab einer Distanz von etwa 200 Metern nicht mehr ausmachen, jetzt ist sie aber rund 2000 Meter entfernt. Einfach die Home-Taste drücken, mit der sie auf direktem Weg zum Startpunkt zurückfliegt, kann fatal enden, wenn Felsen oder Bäume dazwischen stehen. Ich muss sie zunächst auf 500 Meter aufsteigen lassen und dann den Startpunkt anvisieren. Mit dem buchstäblich letzten Rest Ladung manövriere ich sie durch das Blattwerk über mir und lande sie vor meinen Füßen.

Meine vier jungen Träger, die die ganze Zeit die Köpfe über meinem Bildschirm zusammengesteckt hatten, sind begeistert. Ich erkläre ihnen, dass diese Drohne von Chinesen erfunden wurde und auch hier hergestellt wird. Sie schreiben mir in den Übersetzer, dass sie das wüssten und überzeugt sind, Amerika eines Tages zu überflügeln.

Chongqing und ein widerspenstiger Bewohner

Ein brutalerer Ortswechsel ist nach zwei Tagen kaum vorstellbar. Von den Säulen aus Sandstein bei Zhangjiajie in die Betonschluchten der größten Flächenstadt der Welt, Chongqing. Es gelingt mir nicht, das Zentrum unter Vermeidung von Autobahnen oder Schnellstraßen zu erreichen. Ich habe Glück, dass grad keine Polizei unterwegs ist.

1997 hat man kurzerhand einen Teil der Provinz Sichuan zum Stadtgebiet erklärt, womit Chongqing plötzlich 30 Millionen Einwohner hatte und so groß wie Österreich wurde. Die Stadt, die an den steilen Ufern des Jangtse und seinem Zufluss Jialing klebt, bietet ebenfalls Visionen eines Siencefiction-Films. Allerdings die einer apokalyptischen, überbevölkerten Erde der vertikalen Lebensräume kurz vor ihrer Implosion. Der Fluss zeigt sich grau, schlammig, bildet farblich eine Einheit mit dem Smog in der Luft. Sie schmeckt metallisch. Die Enge bedrückt. Wohngettos, 40, 50 Stockwerke hoch, wuchern wie Unkraut, Magnetschwebebahnen führen direkt in sie hinein, mehrstöckige Autobahnen auf hohen Stelzen schlängeln sich um sie, überqueren auf riesigen Brücken den Fluss und verschwinden im Berg. Hubschrauber kreisen umher und hoch oben drehen Passagierflugzeuge ihre Warteschleifen.

Hier, auf der Plattform über dem Ufer des Jangtse, staune ich über den krassen Kontrast zwischen den bewaldeten Felstürmen bei Zhangjiajie und diesem endzeitlichen Stadtbild und beschließe, dem Antagonismus noch eins drauf zu setzen. Bei dem chinesischen Reiseportal Ctrip entdecke ich das Preisangebot vom hiesigen Kempinski Hotel. 300 Yuan pro Nacht, keine 40 Euro. Hinter mir liegen zwei Nächte in verrotteten Kaschemmen an der Straße mit schnarchenden Grobianen als Bettnachbarn. Waschbecken, Dusche und Toilette lagen unerreichbar in einem engen Verschlag. Der beißende Geruch von da hat es mir leicht gemacht, auf jegliche

Körperpflege zu verzichten. Meine Notdurft musste das Gebüsch aufnehmen. Reisen als Leidenschaft kann auch Leiden schaffen … Jetzt stinke ich wie ein Iltis und freue mich auf den Luxus von fünf Sternen mit Badewanne.

Die polierte Marmorsäule vor der Edelherberge ist gut genug zum Abstellen meines verdreckten Gefährts. Im Augenwinkel nehme ich den Argwohn des Portiers war, der mit seinen Zweifeln ringt, wie mit mir umzugehen sei. Seine Frage, die er sonst keinem Gast stellen würde, ob ich denn eine Reservierung hätte, klingt wie „Du bist hier falsch!". Ich benehme mich ebenfalls hochnäsig, was gar nicht so einfach ist bei meiner Kopfhöhe von einen Meter vierzig, bestätige und lasse mir die Tür aufhalten. Auch die Concierge rümpft ihre hübsche Nase. Der Page schultert meine Fahrradpacktaschen und eine halbe Stunde später versinke ich unter einem Berg Badeschaum bei Musik von Pink Floyd.

Von nun an behandelt mich das Personal, wie es sich gehört. Aber länger als nötig mag ich mich in diesem luxuriösen Ambiente nicht aufhalten. Ich fühle mich deplatziert. Versehentlich gerate ich in die Tiefgarage voller Karossen von Lamborghini, Bugatti und Ferrari mit auffallend vielen Achten im Nummernschild, dem Symbol für Wohlstand. Frühstück gibt's für mich auf der gegenüberliegenden Straßenseite in einer einfachen Garküche. Ein Teller mit Spinat gefüllte Jiaozi steht auf dem Tisch. Bezahlen muss ich nur, was ich gegessen habe. Der Rest geht zurück.

Für einen an Kunst und Kultur interessierten Touristen wie mich sollte nun die Altstadt von Chongqing zu meinem Pflichtprogramm gehören. Am Eingang sehe ich, was daraus gemacht wurde, und verliere umgehend die Lust. Mit größter Sorgfalt hat man jegliche Authentizität eliminiert und einen Rummelplatz geschaffen, auf dem dumme Touristen mit wertlosem Firlefanz übers Ohr gehauen werden. Hier lerne ich China nicht kennen. Auch nicht in den Shopping Malls der Innenstadt, in denen ich regelmäßig vergesse, wo ich bin, weil sie sich auf allen Kontinenten gleichen. Die schönsten Entdeckungen habe ich immer gemacht, wenn ich sie nicht gesucht habe.

So rolle ich ziellos durch die Straßen, komme hinunter zum Ufer des Jangtse, weitab der points of interest, die man gesehen haben muss. Und da ist er wieder, dieser Zufall, der mich schon so oft Perlen in einem Haufen Kies hat finden lassen. Eine Truppe Rentnerinnen führt im Schatten der Bäume am Flussufer ein Theaterspiel auf. Einfach so. Ihre Zuschauer sind Rentner, die Musiker sind Rentner. Mit

Mit dem Bau des Staudamms 600 Kilometer flussabwärts ist die Schifffahrt bis hinauf nach Chongqing gefahrlos möglich. Die Stadt boomt und wächst scheinbar grenzenlos in die Höhe.

Aus Platzmangel sind S-Bahnstationen in Wohnhäusern integriert. Gegenüber dem Kempinski Hotel in Chongqing gibt es für mich die leckeren Jiaozi-Teigtaschen zum Frühstück. In Chongqing, das ich wie ein Monstrum aus Beton erlebe, pflegt die Bevölkerung die Kultur mit viel Hingabe.

meinen gut 60 Jahren falle ich hier kaum auf. An einem Schminktisch verwandelt sich eine der Laiendarstellerinnen gerade mit viel Farbe in die grantige Schwiegermutter. Auch die Rollen der übrigen Akteure sind extrem bunt hervorgehoben. Musiker in hohem Alter begleiten die Aufführung mit der Erhu, einer Spießgeige, mit Trommeln und Becken.

Während ich dem Treiben zusehe, spricht mich einer der Zuschauer auf Englisch an. Es geht hier um eine Familiengeschichte, erfahre ich, in der ein Kuckuckskind auf die Welt gekommen ist. Diese zeitlosen Dramen spielen sich wohl in allen Kulturen ab. Der Mann ist in meinem Alter und macht sich umgehend über diese dilettantische Farce lustig. Ich gebe ihm zu bedenken, dass die Alten ihren Lebensabend genießen, die Kultur pflegen und Spaß dabei haben, das sei doch schön. Wobei ich gestehen muss, dass die Schauspielerinnen ein ziemlich nervtötendes Gezeter von sich geben.

Wir wenden uns dem Jangtse hinter uns zu, der träge ohne wahrnehmbare Strömung dahinfließt. Das ist kein Fluss mehr, hier beginnt der Stausee, schimpft er. Ich schaue ihm in die Augen, nicke zustimmend. Ein Kritiker steht vor mir, Angehöriger einer mutigen Spezies, die in China zu selten vorkommt, als dass ich ihn einfach ziehen lassen könnte. Mit Smalltalk beginne ich ein Gespräch, lasse ihn unsere gemeinsame Wellenlänge spüren, damit er sich öffnet.

Der Bau des Staudamms sei ein großer Fehler gewesen, meint er. „Schau mal", dabei weist er anklagend auf den Wald aus gestapelten Wohnungen am gegenüberliegenden Ufer, „Bauern leben da in dreißig Stockwerken übereinander. Ihre Dörfer sind untergegangen. Die verkümmern da." Gerade erwäge ich, ihn zu fragen, ob er mir das auch in die Kamera sagen würde, als all seine Kritik verstummt. Plötzlich preist er die Sehenswürdigkeiten von Chongqing und die schöne Altstadt, er müsse jetzt aber weiter, dankt mir und macht sich davon. Den Grund für seinen scheinbaren Sinneswandel entdecke ich ein Stück hinter mir. Ein Mann mittleren Alters lehnt in Hörweite an der Mauer. Schlampig täuscht der mutmaßliche Denunziant Interesse am Theaterspiel vor, schaut aber meinem flüchtenden Gesprächspartner nach, bis er ihn aus den Augen verliert. Vielleicht war er einer dieser widerspenstigen Bewohner der Stadt, für die Chongqing berühmt ist, einer dieser „Nägel mit dicken Köpfen", wie sie genannt werden.

Hier in der Provinz Sichuan begannen die ersten marktwirtschaftlichen Reformen nach dem Scheitern von Maos Kulturrevolution, hier verkauften Bauern erstmals wieder ihre Erträge auf den Märkten und hier in Chongqing wurde auch der Begriff „Nagelhaus" geprägt. Die Bewohner eines Hauses weigerten sich, ihr Heim für den Bau eines Einkaufszentrums zu verlassen. Während alle Gebäude rundum längst abgerissen waren, blieb das Haus der Widerspenstigen inmitten einer riesigen, zehn Meter tiefen Baugrube ohne Wasser und Stromanschluss stehen. Bilder davon sind um die Welt gegangen. Das sind allerdings Ausnahmen, die davon ablenken, dass ein Auflehnen gegen den Staat in der Regel zu Minuspunkten im Sozialkreditsystem oder sogar ins Gefängnis führt.

Auf Jangtsekreuzfahrt

Ich bekomme Besuch. Mein Sohn Luca, Student der Umwelttechnik, nutzt die Semesterferien, um seinen Papa ein Stück auf seiner Reise zu begleiten. Lucas mächtige Statur von nahezu zwei Metern ragt aus dem Heer der ankommenden chinesischen Passagiere am Flughafen wie ein Leuchtturm hervor. Ich dagegen, mit der Kopfhöhe eines Viertklässlers, habe Probleme, mich bemerkbar zu machen. Luca muss sich tief herunterbeugen, damit wir uns in die Arme fallen können. Ob bei mir der Reichtum ausgebrochen sei, will er wissen, als uns der Portier die Tür zum Kempinski öffnet. Ich lächele ihn an und erzähle ihm von meinen Nächten in Herbergen, die fünf Sterne mit einem Minus davor verdient hätten und dass hin und wieder gegen Luxus nichts einzuwenden ist, so lang er einem fast geschenkt wird.

Für die kommenden drei Tage steigen wir um auf ein Schiff. Eine Kreuzfahrt auf dem Stausee, so lang wie die Strecke Hamburg-München, mit minimalem Gepäck. Meinen motorisierten Anhänger deponiert das Hotel in der Tiefgarage neben den Luxuskarossen. Einst gehörte diese Fahrt auf dem Jangtse durch die drei berühmten Schluchten zu den Highlights einer jeden Chinareise. Durch den Anstieg des Pegels um inzwischen 170 Meter, ist die Fahrt längst nicht mehr so spektakulär. Wir bekommen spontan eine Kabine und ein Angebot für ein Upgrade ins Oberdeck mit Kingsize-Betten, viel Platz und Balkon. Schon wieder Luxus und noch immer habe ich nichts dagegen. Ich will ja meinen Sohn nicht gleich mit den größten Gemeinheiten einer Backpackerreise konfrontieren. Die Erfahrung kann er später machen, ohne mich.

Wenn wir nicht wüssten, dass dies ein Stausee ist, wir würden es nicht bemerken, würden nicht ahnen, dass wir über 1500 Dörfer, 15 Städte und Tausende Tempel und Pagoden hinweggleiten, die allesamt gesprengt wurden. Wüssten auch nichts von den fast zwei Millionen Menschen, die zwangsumgesiedelt wurden. Wir fragen uns, was aus ihnen geworden ist. Wie geht es einem Bauern, der in einer fremden Stadt im 30. Stock eines Hochhauses wohnen muss? Gutes

China bringt meinen Sohn Luca zum Staunen. Er begleitet mich ein Stück meines Weges. Unsere Kreuzfahrt auf dem Stausee bietet allen Komfort, nur barrierefrei ist das Schiff nicht.

fällt mir nicht dazu ein. Wir werden es nie erfahren. Nur die alten Straßen und Wege, die manchmal unvermittelt im Wasser enden, lassen erahnen, dass hier eine ganze Region untergegangen ist.

Der Entertainer auf unserem Schiff, der die Unterhaltungsshows ankündigt und uns an jeder Ecke mit einem Spaß auflauert, lädt zu einem Informationsabend ein. Gekonnt humorvoll preist er die Vorteile des Staudamms an. Verheerende Überschwemmungen hat es gegeben und furchtbare Schiffsunfälle. Damit sei es nun vorbei, meint er, der Jangtse sei gefahrlos schiffbar bis hinauf nach Chongqing. Das glaube ich ihm, wie auch die Behauptung, dass die Turbinen kontinuierlich den Strom von acht Atomkraftwerken erzeugen. Folglich müssten diese nicht mehr gebaut werden. Letzteres halte ich jedoch für einen Irrtum. Wo Strom ist, wird er auch verbraucht und erzeugt neuen Bedarf. Das ist wie mit den Straßen. Mehr davon dünnen den Verkehr nicht aus, sondern locken zusätzlich Autos an.

Viele der Bauern und Fischer hätten neues Land bekommen oder große Wohnungen in den Städten, erzählt der Schönredner. Sollte ich eine Diskussion anzetteln? Ob denn alle Bauern mit ihrer Umsiedlung einverstanden gewesen wären, will ich von ihm wissen. Eine Frage, auf die er unmöglich zustimmend antworten kann. Das tut er auch nicht. Nein, sagt er, einige mussten davon überzeugt werden, dass sie mit ihrem Umzug ein Opfer für die Nation bringen. Mit langen Genehmigungsverfahren und einem Klagerecht für einfache Bürger stünde China heute nicht da, wo es heute steht. Dass er zwischen seinen Worten unser demokratisches System infrage stellt, das jedem mit dem Hinweis auf gefährdete Fledermausarten Einspruch gewährt, wenn staatliche Bauvorhaben durchgesetzt werden sollen, ist mir nicht entgangen. Ich unterlasse es, weiter zu bohren, der Mann ist staatlich geprüft mit allen Wassern gewaschen.

Auf Deck fragt Luca mich, was er zu den Sedimenten gesagt hat. Die werden sich nämlich als größtes Problem entpuppen. Wurden sie früher bis nach Shanghai getragen, wo daraus Chongming Dao, die zweitgrößte Insel Chinas, anwuchs, doppelt so groß wie der Bodensee, sinken sie heute vor der Talsperre ab. Mit dem Bau von weiteren Dämmen an allen großen Zuflüssen sollen die Sedimente schon vorher abgefangen werden. Dass der Stausee seine Kapazität verlieren und eines Tages verschlammen wird, ist unter Experten unbestritten.

Luca weist mich auf den Plastikmüll hin, der sich in der Mitte des Sees zu riesigen Teppichen sammelt. Das ist das nächste Problem.

Wenigstens landet der nicht mehr im Meer, wollen wir mal hoffen. Angeblich sollen an der Staumauer jeden Tag 3000 Tonnen Müll abgefischt werden. Ich kann mir das nicht vorstellen und wir sehen auch kein Räumkommando. Schönes gibt es aber auch zu berichten. Die Schluchten sind in der Tat spektakulär. Ich schicke meine Drohne hinauf, sehe unser Schiff nur noch als kleinen Punkt dahingleiten und bekomme erst jetzt einen wirklichen Eindruck von dieser grandiosen Landschaft. Die Fahrt 170 Meter tiefer muss wirklich großartig gewesen sein.

Zurück in Chongqing. Ich verpacke das Handbike, entferne Benzin und Öl aus dem Triebling und beauftrage eine Spedition, alles nach Chengdu zu liefern. Luca und ich reisen per Bahn hinterher. Bahnfahren ist in China gut organisiert, wäre nicht die Disziplinlosigkeit der Passagiere. Daher dürfen sie die Bahnsteige nur mit einem Ticket betreten. Jedem ist ein Sitzplatz sicher. Trotzdem wird an der Tür gepresst, gequetscht, gedrängelt, was die Ellenbogen hergeben. Ein Schauspiel gelebten Sozialdarwinismus' mit dem Unterschied, dass selbst der Schwächste am Ende noch einen Sitzplatz bekommt. Ein Platz, der genauso gut ist wie der, den der Gewinner der Drängelei ergattert hat. Wozu also der Stress? Ich vermute, an den Türen der Busse und Bahnen können die Chinesen ihre unterdrückten anarchistischen Triebe noch ausleben, ohne befürchten zu müssen, sich Minuspunkte im Sozialkreditsystem einzuhandeln. Natürlich nur so lange die Gesichtserkennung noch unzureichend ist.

Während der Olympischen Spiele 2008, sollte sich das Volk von seiner besten Seite zeigen und das Schubsen einmal sein lassen. Man hat damals versucht, dem Volk Zurückhaltung und Selbstbeherrschung beizubringen, indem ihm der Staat die sogenannten Schlangestehtage verordnete. Allerdings nur am elften eines jeden Monats. Mehr hätte die Chinesen überfordert. Undiszipliniertes Verhalten wie Hinspucken und Müll wegschmeißen wurde mit Geldstrafen belegt. Im Schlafanzug das Haus verlassen oder bauchfrei mit hochgekrempeltem Hemd durch die Straßen wandern, was unter den Bewohnern Pekings beliebt ist, war plötzlich verpönt. Inzwischen hat sich die Hemmungslosigkeit wieder eingestellt.

Die Schubserei vom Zugfenster mit anzusehen finden wir lustig. Waren wir doch in der komfortablen Situation, als Erste den Zug betreten zu dürfen. Das wünsche ich mir manchmal bei der Deutschen Bahn. Über die Desorganisation und Unpünktlichkeit der Bahn könnte ich mich jetzt trefflich hermachen und dabei ohne

Über 1500 versunkene Dörfer und Städte geht die Fahrt heute hinweg. Warum ich so viele Badelatschen in den Müllteppichen auf dem Stausee entdecke, bleibt ein Rätsel.

Mühe Sympathien sammeln. Aber das wäre billig. Nur eines: In China rolle ich einfach in den Zug hinein. Die Bundesbahn – man mag es nicht glauben – zwingt Rollstuhlfahrer, jede Reise mit dem ICE drei Tage vorher telefonisch anzumelden. Grund: Es muss ein mobiler Lift bereit gestellt werden, um zwei Stufen und das gefährliche Loch zwischen Bahnsteig und Waggon zu überwinden. Immer frage ich mich, welcher Schussel es da verschlafen hat, Bahnsteige und Waggons anzugleichen. Bei der U-Bahn geht es ja auch.

Mit dreihundert Kilometern pro Stunde rauschen wir nach Chengdu und sind pünktlich da.

Es war der ausdrückliche Wunsch meines Sohnes Luca, in China einen Panda zu sehen. Das passt gut, auch ich hatte diesen Plan. Die Bären in ihrer natürlichen Umgebung aufzutreiben, müssen wir uns allerdings abschminken. Sie leben an unzugänglichen Berghängen in geschützten Gebieten. Der Pandabär ist das nationale Maskottchen mit Alleinstellungsmerkmal, denn die letzten 1800 Exemplare kommen nur in der freien Wildbahn Chinas vor. Stattdessen machen wir uns auf den Weg zu der berühmten Panda Aufzucht Station in Chengdu. Wir haben das Wochenende erwischt. Zweihundert Schaulustige quetschen sich pro Minute durch die Kassenhäuschen. Mit ihnen nehmen wir teil an einem Sonntag im Leben eines Pandas. Besonders aufregend ist der nicht. Trotzdem, Tausende Besucher geraten beim Anblick der Bären in Verzückung. Sie werden von den Chinesen geliebt, angehimmelt und vermenschlicht.

Den niedlichen Bären ist das egal, sie haben zu tun. Die Pandas sind primär mit zwei Dingen beschäftig. Fressen und schlafen. Ihr Hauptnahrungsmittel, der Bambus, eignet sich denkbar schlecht als Ernährungsgrundlage, er ist extrem nährstoffarm. Bis zu 16 Stunden müssen sie darauf herumknabbern, was sie derart erschöpft, dass sie den Rest des Tages nur noch schlafen und auch keinen Gedanken an ihre Fortpflanzung verschwenden. Ein echtes Problem für die Züchter. Mal liegt unser Protagonist FuXin, das glückliche Herz, beim Knabbern auf dem Rücken, mal richtet er sich auf. Mehr passiert an diesem Sonntag nicht. Aber egal was der Phlegmatiker tut, seine Zuschauer sind hin und weg. Da soll noch einer sagen, die Chinesen sind Tieren gegenüber mitleidlose Sadisten.

Für den Erhalt der Panda-Population und ihren Lebensraum wird viel Geld ausgegeben. Sie zu wildern käme einem Sakrileg gleich und führt direkt in die Todeszelle. Wäre man doch genauso streng mit den Killern von Nashörnern. Seitdem das Gerücht im

Jeden Sonntag wollen Tausende Chinesen ihre geliebten Pandas sehen.

Umlauf ist, das zermahlene Horn heile Krebs, müssen auch die Dickhäuter in den Zoos der Welt und ihre ausgestopften Artgenossen in den naturhistorischen Museen vor sägenden Dieben geschützt werden. Das teure Placebo ist wertvoller als Gold. Wer sagt den Chinesen (und vermehrt auch den Vietnamesen) endlich einmal, dass Nägelkauen den gleichen Effekt hat, auch Fingernägel bestehen aus Keratin. Ich komme schon wieder vom Thema ab, aber manches regt mich furchtbar auf.

Leshan versöhnt sich mit mir

Lucas Semesterferien neigen sich dem Ende zu. Inzwischen ist er wieder abgereist. Ich düse, angetrieben von meinem Vehikel, durch das Sichuan-Becken, wegen des roten Sandsteins auch Rotes Becken genannt, 150 Kilometer Richtung Süden. Das Wetter ist leicht bewölkt, nicht nebelig, wie damals. Mein Ziel ist das durch seine purpurfarbenen Felsformationen gekennzeichnete Leshan am Zusammenfluss des Min Jiang und Dadu, die in den Jangtse münden. Dort will ich Genugtuung für die große Enttäuschung, die ich 1986 hinnehmen musste. Die größte, aus einem Stück gehauene Buddhastatue der Welt wollte ich sehen. Sie blieb mir aber verwehrt. So viel hatte ich für die Anreise auf mich genommen. In Holzklasse-Waggons kam ich daher, ernährte mich von Keksen und überreifen Bananen, schlief in schmierigen Absteigen, um das Ticket durch Sparen zu erwirtschaften. Selbst für den Rückflug nach Hause hat es nicht mehr gereicht. Ich musste die Transsibirische Eisenbahn nehmen. Alles habe ich drangegeben, um den großen Buddha zu sehen. Vierzig, fünfzig Stufen führten hinunter zum Boot. Nur vom Wasser aus hätte ich einen Blick auf ihn werfen können, auf den Giant Stone Buddha, der tief aus dem steilen Fels geschlagen wurde. Sie haben mich ausgelacht, als ich die Leute vom Boot um Hilfe gebeten hatte. Andere wollten astronomische Preise fürs Hinuntertragen. Halsabschneider allesamt. Niedergeschlagen, die Chinesen verfluchend, reiste ich damals ab und nahm mir vor, nie wieder zu kommen. Diesen Vorsatz hatte ich schon am Tag darauf über Bord geworfen. Erst jetzt, über 30 Jahre später, bekomme ich eine zweite Chance. Dieses Mal werde ich nicht auf Hilfsbereitschaft hoffen, ich helfe mir selbst.

Leshan ist kaum wiederzuerkennen. Der Dadu River hat sich inzwischen ein neues Bett gegraben und eine riesige, zwei Kilometer lange Insel namens Dafoba entstehen lassen. Ihr östlicher Zipfel liegt nur 500 Meter vom großen Buddha entfernt. Meine Chance. Dieses Mal lasse ich mich nicht von Egoisten erniedrigen, die Hilfsbereitschaft teuer verkaufen wollen. Von einem Steg aus sende ich meine Drohne über den Fluss hinweg. Jetzt kann ich die riesige Statue in seiner ganzen Pracht von allen Seiten betrachten. Sein Kopf ist 15 Meter hoch, die Nase sechs Meter lang, selbst der kleine Zeh hat noch das Format eines Sessels. Seit über 1200 Jahren blickt der aufrecht sitzende Buddha gebieterisch auf den Fluss zu seinen Füßen. Will er ihn behüten oder überwachen? Die Felswand, aus der die 70 Meter hohe Figur geschlagen wurde, leuchtet purpurrot in der Abendsonne. Wo immer Feuchtigkeit sich sammeln konnte, sprießen Bäume und Büsche in frischem Grün. Moos hat sich auf seinen Schultern gebildet und bedeckt ihn wie eine grüne Robe.

Nach einer Weile bekomme ich auf meinem Steg Gesellschaft. Ein alter VW Santana fährt vor, schon ein Oldtimer. Herr Bao begrüßt mich freundlich und meint, es sei eine gute Idee, von hier zu starten, und packt seine eigene Drohne aus. Damit hätte er ein neues, spannendes Hobby entdeckt. Ich bestätige, dass auch ich begeisterter Pilot bin, eine tolle Sache. Herr Bao wohnt drüben in der Stadt und erklärt mir, dass Mönche 90 Jahre lang den Fels mit Hammer und Meißel bearbeitet haben. Buddhas Antlitz sei auf den Fluss gerichtet, um ihn zu besänftigen. Stromschnellen machten damals die Schifffahrt gefährlich. Das Kalkül ging auf. Nicht aber wegen Buddhas strengen Blickes, es war der tonnenschwere Aushub, der einfach in den Fluss gekippt wurde und die Untiefen zugunsten der Schifffahrt verändert hat.

Was denn die besten Videoeinstellungen sind und ob es immer nötig sei, den Kompass zu kalibrieren, will er von mir wissen. Herr Bao ist ein mutiger Mann. Er wagt es, ohne viel Erfahrung, sein Fluggerät 500 Meter weit über den Fluss zu schicken. Ich warne ihn vor dem heftigen Sturm, der da drüben an der Felswand herrscht. Es gibt Windgeschwindigkeiten, gegen die die Drohne nicht ankommt. Dann ist sie verloren. Herr Bao meistert seinen Flug mit Bravour, wofür ich ihn lobe. Aber mein heimlicher Wunsch, eine intensivere Unterhaltung zu führen, endet wieder einmal an den Sprachschwierigkeiten. Gern hätte ich mehr über ihn erfahren und einen Einblick in das ganz normale Leben eines ganz normalen Chinesen bekommen.

Inzwischen bin ich mit Leshan versöhnt und beschließe, eine Nacht länger zu bleiben.

In die Lobby meines Hotels dringt höllischer Lärm aus dem Speisesaal, verursacht von zwei Familien an großen runden Tischen. Ich könnte mich jetzt in die letzte Ecke flüchten und dort zu Abend essen. Aber ich will sie beobachten, wähle einen Nachbartisch mit

Blick auf das familiäre Zusammenleben. Die Einrichtung in diesem durchschnittlichen Lokal folgt rein pragmatischen Gesichtspunkten, ist kleckerfest und pflegeleicht. Linoleum bedeckt den Boden, die weiße Tischdecke schützt eine stabile Plastikfolie, auf der ich mit den Unterarmen kleben bleibe. Die Drehscheibe auf dem Tisch macht Essen zu einem kollektiven Erlebnis. Auf jedem Platz stehen, eingeschweißt in Folie, Teller, Schale und Trinkbecher bereit. Oft hängen große Plakate an den Wänden mit Bildern, die die Gerichte mehr oder weniger gut darstellen. Das macht die Bestellung leicht. Aber soweit kommt es nicht. Ich werde von nebenan eingeladen, und dagegen gibt es keine Widerrede. Jemanden allein essen sehen, ertragen die Chinesen wohl nicht. Die Familie rutscht zusammen, bis ich einparken kann.

Mein perfekt ausgesprochenes „*Nihao*" macht alle glücklich und wiegt sie in dem Glauben, ich verstünde ihre Sprache. Das tue ich nicht, aber ich weiß, was sie wissen wollen. „*Wo lai zi deguo*" (Ich komme aus Deutschland), antworte ich auf die vermeintliche Frage, woher ich komme – Treffer – und „*Wo jiehun*" (Ich bin verheiratet) auf die nach meinem Familienstand. Ich reiche die Fotos von meiner Frau und den Kindern herum, womit Gesprächsthemen für die nächste halbe Stunde gesichert sind. Alle stecken ihre Köpfe über meinem Smartphone zusammen. Blondinen faszinieren in einem Volk von Schwarzhaarigen. Ich muss essen. Von jeder Schale auf der Drehscheibe wird mir ein großer Haufen auf den Teller getan, zwischendurch muss ich Zigaretten rauchen und Schnaps mit jedem trinken.

Den Teller aufzuessen, wie es mir meine Eltern beigebracht haben, wäre der größte Fauxpas. Auch die übrigen Benimmregeln aus dem Knigge sind hier außer Kraft. Kaum jemand am Tisch macht sich die Mühe, die Stäbchen zum Greifen der Nahrung zu verwenden. Mit der Schale an den Lippen schiebt man sich direkt hinein, was geht. Nach und nach überwinde ich meine Hemmungen. Und schon sind all die Bemühungen meiner Eltern, mir zivilisierte Tischmanieren beizubringen, über Bord. Essen mit offenem Mund, welch ein Genuss. Und plötzlich bin ich überzeugt, dass beim Schmatzen der Geschmack der Nahrung auf der Zunge durch das Mehr an Sauerstoff viel intensiver ist. Das könnte ich mir angewöhnen. Was nicht essbar ist, wird auf den Boden gespuckt. Lautes Einspeicheln der Nahrung sowie Nase hochziehen geht auch, Rülpsen gehört zum guten Ton und versteht der Koch als Kompliment. In Ermangelung an Aschenbechern wird die Zigarette in

Mao wird vom Staat zur Kultfigur stilisiert. Anderen gilt er als Massenmörder, dem die Geister, die er rief, außer Kontrolle gerieten. Der verstorbenen Angehörigen zu gedenken und zum Qingming-Fest kopierte Geldscheine zu verbrennen, ist Pflicht eines jeden Familienmitglieds.

der Suppenschale ertränkt. Nase schnäuzen oder Chopsticks in den Reis bohren, löst dagegen Unmut aus. Plötzlich springen alle auf, das Familientreffen ist zu Ende. Es wird sich verabschiedet und im Nu sitze ich allein da. Einen Moment überlege ich, das leere Schlachtfeld zu fotografieren, da ist auch schon der Servicewagen da. Die Hardware wird abgeräumt, der Rest geht mit der Tischdecke in die Tonne.

So habe ich heute doch noch einen kleinen Einblick in das chinesische Familienleben bekommen. Kann es ein besseres Symbol für die Bedeutung und den Zusammenhalt der Familie geben als runde Tische, in deren Mitte für jeden etwas steht. Alle essen von allem, niemand bestellt nur für sich, beneidenswert.

Dass die Chinesen den Stellenwert der Familie und des Clans so hoch einschätzen, hängt auch mit der Geschichte zusammen. Die Familie, die laut Konfuzius Keimzelle eines jeden funktionierenden Staatswesens ist, drohte unter Mao zu zerbrechen. Im Zuge des „Großen Sprungs nach vorn" setzte eine landesweite Zwangskollektivierung ein. Bauern mussten für die Stahlproduktion unentbehrliche Ackergeräte einschmelzen. Man schuf riesige Volkskommunen, in denen die Familienverbände aufgelöst wurden. Sämtlicher Privatbesitz bis zum Kochgeschirr ging in staatliche Hände über, gegessen wurde in Volksküchen, die Kindererziehung übernahmen kommunale Krippen, wo eine weitere Entfremdung der Familie stattfand.

Zusätzlich sprengte ein wahnsinniges Denunziantentum alle sozialen Bindungen. Ein falsches Wort reichte, um vom eigenen Ehepartner oder den Kindern als konterrevolutionär gebrandmarkt und damit ans Messer der Roten Garden geliefert zu werden. Zeitweise herrschten anarchische Zustände. Zwischen 1960 und 1962 erleidet China, verursacht durch sträfliche Fehlplanungen der Führung, die größte Hungerkatastrophe der Menschheitsgeschichte mit 30 bis 40 Millionen Toten. Es war ein Angriff auf das Kostbarste, das ein Chinese besitzt, seine Familie. Mao, der große Führer, dessen Konterfei bis heute auf allen Geldscheinen prangt, hat dieses Verbrechen am Volk gebilligt und gefördert. Bis heute leben Täter und Opfer ohne eine Aufarbeitung Tür an Tür.

Ai Weiwei, Künstler, Regimekritiker und Zeitzeuge unter Maos Herrschaft, sagte über seine Heimat nach der Kulturrevolution in einem SZ-Interview: „China ist eine kaputte Gesellschaft ohne Moral und Vertrauen, in der keiner mehr Verantwortung für irgendwas übernimmt." Die allumfassende Überwachung zeigt, wie sehr das Regime den Menschen misstraut. Nach einem Vortrag in Deutschland sagte ein Chinese unter vier Augen in einem langen Gespräch einmal zu mir: „Über dem Eingang der Verbotenen Stadt in Peking, dort, vor dem Platz des Himmlischen Friedens, wird das Portrait des größten Massenmörders aller Zeiten verehrt." Was gesellschaftliche Aufarbeitung bedeutet, sei ihm erst hier in Deutschland bewusst geworden. Eine Auseinandersetzung mit der Geschichte, wie sie hier mit dem Dritten Reich betrieben wird, fehlt in China völlig. Er meinte, der Vergleich sei natürlich nicht wirklich zulässig, aber was die Leichenberge angeht, steht Mao Hitler in nichts nach, mit dem Unterschied, dass das Konterfei des deutschen Diktators nicht auf Geldscheinen oder vor dem Reichstag verehrt wird.

Dass es der Staatsführung bis heute gelingt, Maos Versagen zu negieren, ja, einen positiven Kult um ihn in Gang zu setzen, lässt erahnen, unter welch massiver Kontrolle das chinesische Volk in jedem Lebensbereich steht. Die Familie hatte seit jeher einen hohen Stellenwert, aber nach diesem Desaster bekam ihre Bedeutung einen neuen Schub. Sie wurde für jeden Einzelnen der einzige Anker, ein Fluchtpunkt und gilt umso mehr als sicherer Hafen. Bezeichnend dafür ist, dass Chinesen den Familiennamen dem Vornamen voran setzen, auch wenn sie sich selbst vorstellen. Wir kennen das aus Bayern, wo zum Beispiel vom Huber Alois gesprochen wird.

Zu den wichtigsten Feiertagen in China gehört neben dem ersten Mai, das Qingming-Fest. Vergleichbar mit unserem Totensonntag, wird dabei im April der verstorbenen Angehörigen gedacht. Das Gedenken an die Vorfahren ist darüber hinaus an allen Tagen im Jahr Bestandteil des Seelenfriedens der Chinesen. In einem kleinen Tempel in Leshan beobachte ich das Treiben der Besucher. Das Zentrum des Innenhofes, vor dem Eingang, dominiert ein steinerner Brunnen, mit einem Dach, das von vier verzierten Säulen getragen wird. Blauer Qualm dringt daraus hervor, alles ist schwarz verrußt. Daneben stehen eiserne Feuerkübel, aus denen es ebenfalls qualmt. In einer Ecke werden rote Papiertüten verkauft. Ein Mann mittleren Alters, der offensichtlich seine Mutter begleitet, hat mehrere dieser Tüten gekauft und steckt nun eine nach der anderen über dem Blechkübel an. Nach kurzem Aufflammen bleibt nur Asche übrig. Sie halten inne, legen die Hände zusammen, wie es Buddhisten beim Gebet tun, womit die Zeremonie vorbei ist.

In der Hoffnung, dass er mich versteht, bitte ich den Mann, mir vor der Kamera zu erklären, worum es gerade ging und was sie da verbrannt haben. Solange die Fragen unverfänglich sind und keine politischen Themen betreffen, kann ich mit offenen Antworten rechnen. Kurz und knapp erklärt er in einem Satz, dass sie gerade gute Wünsche an seinen verstorbenen Vater gesendet haben und Bares. Die Tüten waren voll davon, denn im Jenseits braucht man auch Geld.

An einem Verkaufsstand sehe ich, dass die Tüten mit kopierten Yuan-Scheinen gefüllt sind. Dann beobachte ich am Brunnen eine junge Frau, die dicht beschriebene DIN-A3-Blätter von einem Block abreißt und sie einzeln ins Feuer wirft. Am Ende erzählt sie mir, dass sie all die Dinge, die sie ihren plötzlich verstorbenen Eltern noch sagen wollte, aufgeschrieben hat. Mit dem Rauch gehen sie nun ihr Totenreich über. Eine der wichtigsten Lehren des Konfuzius lautete, lasse niemals deine Eltern zu Schaden kommen, ehre sie bis über ihren Tod hinaus.

Kein Entkommen aus dem Hotelzimmer

Feuchtwarme Wälder rauschen an mir vorbei. Es wird wieder bergig. Auf den Kuppen bestehen die Wälder fast nur aus Bambus, der sich manchmal wie ein Dach über die Straße beugt. Ich folge immer der S307. Das Schild kann ich lesen, und es erspart mir das ständige Prüfen meines Standorts per Navi. Ich muss es heute unbedingt noch nach Xinshizhen schaffen. Dort mündet der Zhongdu-Fluss, dem ich hier folge, direkt in den Jangtse, der da allerdings noch den Namen Jinsha trägt.

Die schmale Straße windet sich durch das Tal des Flusses und macht jede Windung mit. Mal fahre ich gen Süden, dann wieder in die entgegengesetzte Richtung, es geht nach West und Ost. Alle paar Kilometer klebt ein Dorf an den Hängen, durch dessen Zentrum mit Geschäften und offenen Werkstätten meine Route führt. Einen halbwegs traditionellen Baustil der Häuser sehe ich nur selten. Es sind die zweckmäßigen Betonbauten, die den Kleinstädten in Asien so oft ein ödes, gleichförmiges Antlitz geben. Keinem der Häuslebauer ist es in den Sinn gekommen, etwas Schönes fürs Auge zu schaffen. Nur die ganz kleinen Ortschaften, wo man noch in Häusern aus Holz wohnt, vermitteln einen idyllischen Charakter.

Es wird zunehmend dunstig. In einer Pause öffne ich die Wetter-App und entdecke, dass die ganze Region für die kommenden Tage unter einer dichten Wolkenschicht liegen wird, aus der es mit Sicherheit auch Niederschlag gibt. Ich muss damit rechnen, von der großen 180-Grad-Biegung des Jangtse bei Xinshizhen nicht viel sehen zu können. Sie liegt eingebettet zwischen 1000 Meter hohen Felsen.

Planmäßig nachmittags um drei erreiche ich einen Parkplatz, der Aussichtspunkt für Ausflügler ist. Um diese Zeit würde der Stand der Sonne die spektakuläre Haarnadelkurve des Flusses perfekt ausleuchten – wenn sie denn schiene. Stattdessen nimmt mir

Das Wetter im Einzugsgebiet des Jangtse ist oft unberechenbar.
Schleife des Zhongdu-Flusses.

der Nebel alle Sicht. In der Hoffnung, trotz allem noch ein brauchbares Foto zu bekommen, schicke ich meine Drohne zwei Kilometer weit über die gegenüber liegenden Felsen. Mit der Panoramabildfunktion lasse ich sie 24 Bilder von der Landschaft schießen. Zwölf horizontal und vier vertikal, die sie zu einem Megabild mit 135 Millionen Pixeln zusammen fügt. Eine spektakuläre Aufnahme, wenn man denn etwas darauf sehen könnte. Es hätte auch das Innere eines Dampfbads zeigen können.

Das Wichtigste am Fotografieren ist die richtige Zeit am richtigen Ort. Hier hat die Zeit nicht gestimmt. Frustriert, mit wenig Aussicht auf Besserung für den kommenden Tag, kehre ich in die nächste Garküche ein. Sie tröstet mich, ja, lässt meine Laune geradezu aufblühen. Erkennbar sind diese einfachen Lokale für mich weniger an einem Schild, das ich ohnehin nicht lesen könnte, als vielmehr an den Lkw und Kleinlastern vor der Tür, die mir sagen, hier bist du richtig.

Wie es sich gehört parke ich meinen Triebling neben dem riesigen Kipper, öffne die quietschende Aluminiumtür, muss noch durch den Türvorhang aus klebrigen Plastikstreifen und bin schon unters Volk gemischt. Alle Gesichter richten sich auf mich, die Gespräche verstummen. In die Stille rufe ich freundlich „*Nihao*" und „*Wo lai zi deguo*", womit die Neugier aller gestillt ist. Brav wird meine Begrüßung erwidert und schon kehrt wieder Normalität ein.

Fünf grobschlächtige Trucker, die auf der Straße mit allen Wassern gewaschen und hart im Nehmen sind, hocken hier auf Kinderstühlchen an Kindertischchen und schlürfen Suppe. Ein Bauarbeiter raucht. Sein Glimmstängel steckt im unteren Ende eines Wasserrohrs, mit dem er das Nikotin auch noch in die hintersten Winkel seiner Lungenflügel pumpt. Angeblich leben ein Drittel aller Raucher der Welt in China. Keine Ahnung, wer die gezählt hat, aber es fällt drastisch auf. Inzwischen bin ich durch die vielen Angebote selbst wieder schwach geworden.

Ich liebe diese Lokale, sie sind einfach, persönlich und meist kann man bei der Zubereitung der Speisen zuschauen. Es gibt nur wenige, saisonal unterschiedliche Gerichte, aber die beherrscht die Köchin perfekt. Es ist also egal, was ich bestelle, es schmeckt alles. Für mich gibt's heute Mariniertes vom Schwein. Die ruppige Art und Weise, wie die Köchin mir die Schale vorwirft, würde in Deutschland umgehend eine Beschwerde nach sich ziehen. Hier geht es robust zu, was mir viel lieber ist – und überdies hervorragend zu meinem Outfit passt. Chinesen lassen nichts verkommen,

In den kleinen Garküchen an der Straße ist die Speisekarte zwar überschaubar, die lokalen Spezialitäten allerdings sind fantastisch. Ich kenne kein Land, in dem mir das Essen so gut bekommen ist wie in China. Nie habe ich hier Magenprobleme gehabt.

in meiner Soße schwimmt alles, was das Borstentier hergibt: Haut mit Haaren, Fett, Knochen und sogar etwas Fleisch. Dazu ein leckeres Bier. Was will der Mensch mehr.

Suijiang in zehn Kilometer Entfernung ist schnell erreicht. Das war auch nötig, denn inzwischen setzt der vorhergesagte Niederschlag ein. In Ermangelung eines kräftigen Hotelangestellten schleppen mich die vier Mädels von der Rezeption hoch. Rührend ihre Hilfsbereitschaft, erschreckend aber die Ungeschicklichkeit, mit der sie mich in Panik versetzen und fast aus dem Rolli kippen. Würden sie ihre Energie nicht aufs Kaputtlachen verschwenden und sich konzentrieren, hätten sie es leichter. Weil es hier keinen Aufzug gibt, müssen die vier Kichererbsen mich auch noch in den ersten Stock ins Zimmer schleppen. Ihre Fürsorge schaukelt sich mit jeder Minute hoch. Kaum ist die Tür geschlossen, klopft es. Da stehen sie wieder. Die Mutigste reicht mir voller Freude einen Topf Instant-Hühnersuppe herein, erklärt mir, wie der Wasserkocher zu bedienen ist und dass man nur noch umrühren muss und fertig. Ich kenne die Zubereitung, lasse ihr aber den Spaß, mir einen Gefallen zu tun. Jeden Handgriff bestätige ich mit einem *„Okay"*, was von den dreien an der Tür kichernd nachgeäfft wird. Dann ist erst einmal Ruhe im Zimmer.

Nach zwei Stunden klopft es wieder, diesmal bedrohlich kräftig. Tatsächlich, die Polizei steht vor der Tür. Mein illegales Vehikel wird der Grund sein, so meine Vermutung. Aber es ist nur die Meldebescheinigung, die die Mädels von der Rezeption vergessen haben. So etwas geht in China gar nicht, es gibt sogleich Alarm und die Polizei kommt. Wo ich herkomme und hinwill, muss ich erklären, was ich hier suche und wie ich unterwegs bin. Dass ich nur mit dem Rollstuhl rolle, können sie gar nicht glauben. Von meinem Motorantrieb müssen sie nichts wissen.

Ab April wird hier generell nicht mehr geheizt, was an unerwartet kalten Tagen nicht schön ist. Nach einer feucht-kalten Nacht weckt die heiße Hühnersuppe alle Lebensgeister in mir. Der Instant-Kaffee aus der Tüte macht mein Frühstück perfekt. Jetzt stehe ich hier an der Treppe und schreie mir die Kehle aus dem Hals. An jeder Zimmertür auf dieser Etage habe ich geklopft, vergeblich. Niemand ist da, der mich hinunterträgt. Ein Festnetztelefon gibt es im Zimmer nicht, also wähle ich die Nummer der Rezeption mit meinem Mobiltelefon. Es geht tatsächlich jemand ran, aber er versteht mich nicht und legt wieder auf. Langsam bin ich genervt. Ich versuche es am Fenster, es geht direkt zur Straße, wo ständig Leute vorbeilaufen, rufe ihnen zu, mache Handzeichen, erkläre auf Englisch mein Problem. Alle winken freundlich zurück oder schauen verständnislos. Aber niemand kapiert, was los ist, wie auch. Ich hasse das wie die Pest.

Diese Einschränkung meiner Mobilität macht mich wahnsinnig. Mir fehlt der Gleichmut, einfach abzuwarten. Stattdessen mache ich mich am Treppengeländer zu schaffen. Damals in der Klinik, direkt nach dem Unfall, als ich Rollstuhlfahren lernen musste, hat man mir beigebracht, wie solche Notsituationen zum Beispiel im Fall eines Brands zu meistern sind. Was ich vorhabe, ist lebensgefährlich. Ich stelle mich rückwärts vor die Treppe, eine Hand am Geländer, die andere am rechten Rad und lasse mich Stufe für Stufe kontrolliert herunter. Um nicht rücklings herunterzupurzeln, muss ich mich weit nach vorn beugen. Ginge mir die Kraft aus, würde ich ohne Halt wie ein Mehlsack in die Tiefe stürzen. Alle Knochen könnte ich mir brechen oder, schlimmer noch, eine zweite Querschnittslähmung weghholen. Diesmal vielleicht im Nacken. Da wäre ich nicht der Erste, dem so etwas passiert. Ständig droht der Rollstuhl unter mir wegzurutschen. Lautstark kracht die Fußstütze jedes Mal auf die Stufen und splittert einen Teil der Fliese davon ab. Nach fünf Minuten bin ich im Erdgeschoss. Ich sammle mich, muss meine Wut, den Ärger und die Angst herunterschlucken. Während andere Abenteurer für lebensgefährliche Situationen oder Grenzerfahrungen in eisige Höhen aufsteigen müssen, hab ich es da einfacher. Schon das Hotelzimmer zu verlassen, kann sich für mich zu einem risikoreichen Wagnis entwickeln.

Ich setze ein freundliches Lächeln auf, rolle zur Rezeption, checke aus, bitte die Schlafmütze, die keinerlei Verwunderung zeigt, wie ich hierhergekommen bin, mein Gepäck zu holen und mich damit auf der Straße abzusetzen. Als das Handbike angedockt ist und mein Triebling hinter mir aufheult, realisiere ich erneut die Relevanz der Begriffe „Mobilität" und „Freiheit" für Rollstuhlfahrer. Bei eingeschränkter Bewegungsfreiheit bekommen sie eine immense Bedeutung, werden zum Elixier und Zaubertrank fürs Leben. Es ist nicht selbstverständlich, einfach losfahren zu können wohin man will. Umso euphorischer gebe ich Gas.

Das Leben der Ethnien im Süden

In der kommenden Woche entferne ich mich vom Jangtse, fahre gen Süden, Richtung Kunming. Die ersten hundert Kilometer bis Zhaotong verlaufen problemlos. Und prompt, als ich mich schon darüber zu wundern beginne, ist es vorbei damit. An einem Checkpoint am Stadtrand wird mir der Motor konfisziert. Ich habe wieder nicht aufgepasst. Meine Lage verbietet jede Diskussion und der Versuch, einen Polizisten zu bestechen, kann böse nach hinten losgehen.

Während die Strafe bei Verkehrskontrollen in Indien in bar bezahlt wird und sich verdoppelt, wenn man eine Quittung verlangt, läuft Korruption in China auf anderen Ebenen ab. Reumütig, freundlich, ein bisschen wehleidig sein und Unwissenheit vorspielen, ist hier das Rezept, um mit heiler Haut davonzukommen. Sie regen sich ab, willigen ein, dass ich den Motor stehen lasse, mit einem Mietwagen zurückkomme und ihn verlade. Das erspart ihnen nämlich einen erheblichen bürokratischen Aufwand. Das hat mir mal ein Chinese gesteckt, der meine Idee eines Schiebeanhängers so genial fand, dass er jedes Detail meines Trieblings abfotografiert hat. Also kurbele ich mich zurück zum Hotel und wiederhole die ganze Prozedur, die ich schon mehrmals durchexerziert habe. In Kunming, Hauptstadt der Provinz Yunnan, sind mein Triebling und ich wieder vereint.

Die Stadt kenne ich. 1986 war ich hier, dann auf meinem Weg entlang des Mekong 2011, und nun besuche ich sie ein drittes Mal. Damals habe ich Catleen hier kennengelernt. Sie war Studentin und hat mir die verborgenen Ecken ihrer Stadt gezeigt. Gern hätte ich sie noch einmal getroffen, aber sie ist inzwischen glücklich verheiratet, Mutter zweier Kinder und in die Nähe ihrer Eltern nördlich von Peking gezogen. Deshalb will ich mich hier nicht lange aufhalten, allerdings erneut einen Abstecher nach Yuanyang machen. Wenn eine Landschaft das Attribut „faszinierend" verdient hat, dann sind es die Terrassenfelder der Hani.

Vor Hunderten von Jahren schon begann diese Volksgruppe, die steilen Berghänge ihren Bedürfnissen anzupassen und Felder anzulegen. Manche Parzellen sind kaum 20 Meter lang. Schon nach ein paar Schritten müssen die Ochsen mit dem Pflug wieder kehrt machen. Traktoren oder andere motorisierte Ackergeräte gibt es nicht. Landwirtschaft ist hier überwiegend Handarbeit.

Diese Welt zeigt sich zu jeder Jahreszeit in einem anderen Kleid. Zur Bewässerung glitzern und leuchten die Felder, spiegeln den blauen Himmel, die weißen Wolken oder die untergehende Sonne in allen Rottönen. Frisch bepflanzt verwandeln sich die Terrassen in frühlingshaftes Grün, bis zur Blüte, bei der die Natur ihre verschwenderische Farbvielfalt auf die Spitze treibt. Dann leuchten Rapsfelder neben Reis, Sonnenblumen neben blaublütigem Enzian und roten Mohnblumen. Von der Straße, die dieses über 2000 Quadratkilometer große Gebiet durchzieht, bieten sich immer wieder herrliche Panoramen. Alles barrierefrei zu erreichen.

Man schätzt, dass sich 30 Prozent der Bevölkerung Yunnans zu den Minderheiten zählen. Hier leben die Hani, die Dai, die Zhuang und 150 weitere Ethnien, die sich in den unzugänglichen Tälern auch noch in Untergruppen unterteilen. Wenn man bedenkt, wie sehr sie unter Maos Unterdrückung gelitten haben, geht es ihnen heute gut. Die Ein-Kind-Politik galt nie für sie, der Verwendung eigener Sprachen und Schriften steht nichts mehr im Wege, und es wurden sogar autonome Gebiete für manche von ihnen eingerichtet. Was man allerdings nicht mit politischer Selbstbestimmung verwechseln darf. So weit lässt es die Regierung in Peking dann doch nicht kommen. Im Gegenteil. Sie verfolgt die Strategie Kontrolle durch Migration. Han-Chinesen werden in großer Zahl in die autonomen Gebiete umgesiedelt. In Tibet hat die Migration von Han-Chinesen bereits zur Zersetzung der Kultur geführt. In Xinjiang werden gerade die muslimischen Uiguren aufs Korn genommen und von Polizei und Militär massiv drangsaliert. Wer aus dem überbevölkerten Osten nach Xinjiang zieht, genießt Privilegien und finanzielle Vorteile. Assimilierung als Mittel staatlicher Überwachung.

China hat es immer verstanden, Konflikte subtil mit viel List zu lösen. Ganz nach dem Motto des Militärstrategen und Philosophen Sunzi: „Wahrhaft siegt, wer nicht kämpft." Dieser Satz aus dem Mund eines Generals spricht Bände. Offene Schlachten

Das Wahrzeichen von Kunming ist eines seiner historischen Stadttore.
Die ethnischen Minderheiten in der Provinz Yunnan genießen viele Freiheiten,
solange sie sich konform verhalten.

Frauen aus der Volksgruppe der Hani kommen in den frühen Morgenstunden zum Dorfmarkt. Das Volk der Hani und andere Ethnien haben in der Provinz Yunnan in Handarbeit der Landschaft ihren Stempel aufgedrückt.

waren nie ihr Ding. Die Chinesen, die erstmals Stahl in Hochöfen geschmolzen haben, riesige Flotten über die Weltmeere schickten, lange bevor Kolumbus aufbrach, und das Schießpulver erfanden, haben lieber eine große Mauer gebaut, um die zahlenmäßig, finanziell und materiell unterlegenen Reitervölker unter Dschingis Khan fernzuhalten. Dafür besaßen die Angreifer aus dem Norden etwas, das den Chinesen fehlte: selbstmörderischen Wagemut. Draufgängerisch sein ist in China keine positive Charaktereigenschaft. Auch heute noch bedient man sich raffiniert scheinbar harmloser Strategien. Der Tourismus zum Beispiel ist eine willkommene Möglichkeit, die Minderheiten im Blick zu behalten. Er degradiert die Ethnien zu einer folkloristischen Attraktion. Ihre abgelegenen Dörfer finden sich inzwischen in den Katalogen der großen Reiseveranstalter.

Während ich Richtung Dali und Lijiang unterwegs bin, durchquere ich viele dieser Dörfer. Auf den ersten Blick scheinen sie intakt zu sein. Aber was hinter den Kulissen geschieht, bleibt mir verschlossen. Wenn Markttag ist, komme ich kaum durch, dann ist alles auf den Beinen. Hühner, an den Füßen zu einem Bündel verschnürt, warten kopfüber auf ihre Enthauptung, Sauen werden zur Schlachtbank getrieben und fachmännisch zerlegt. Das Fleisch ist noch warm, dampft in den Einkaufstaschen der Kunden auf ihrem Heimweg.

Ich schaue mir das Treiben aus einer Garküche heraus an. Knochen frisch geschlachteter Hühner werden hier ausgekocht und zu einer kräftigen Suppe verarbeitet, ihre Krallen schwimmen darin. Chinesen lieben es, an den Füßen des Federviehs herumzuknabbern. Dabei haben sie sich zu wahren Zungenkünstler entwickelt. Angesichts der furchtbaren Hungersnöte, die dieses Volk hat erleiden müssen, ist es verständlich, dass sie nichts verkommen lassen.

Die Autobahn zwischen Kunming und Dali ist inzwischen durchgehend fertig. Es ist eine brutale Schneise, die manchmal mitten durch die Dörfer verläuft, allerdings 100 Meter über den Köpfen der Bewohner. Erst wenn man an den riesigen Betonstelzen hinaufblickt, nimmt man die Trasse wahr. Das Schöne daran ist, auf den Provinzstraßen ist Ruhe eingekehrt. Hier tummeln sich wieder Pferdekutschen, Traktoren und Radfahrer.

Die ganze Region liegt bereits auf einer Höhe von knapp 2000 Metern. Das bekommt mein kleiner Freund, der Triebling, zu spüren. Der geringere Luftdruck und der damit einhergehende Sauerstoffmangel setzen ihm zu. Von den vier PS sind allenfalls

Enten und Hühner, bereits gegart, müssen zu Hause nur noch aufgewärmt werden.

noch dreieinhalb übrig. Automotoren sind mit Druckmessern ausgestattet, die das Benzin-Luft-Gemisch steuern und den Mangel an Sauerstoff ausgleichen. Diesen Luxus besitzt mein Freund nicht, ich müsste jetzt eigentlich eine andere Düse in den Vergaser einbauen. In Kunming hatte ich mich schon vergeblich bei einem Honda-Händler für Ackergeräte danach erkundigt, ohne Erfolg. Meine Hoffnungen liegen nun in Dali, dort wird es diese Düsen geben, versprach man mir. Sollte das nicht der Fall sein, muss ich mir welche aus Deutschland nachsenden lassen, denn ab jetzt geht es nur noch bergauf.

Besuch bei alten Bekannten

Catleen, die sich auf meiner Reise 2011 in Kunming so rührend um mich gekümmert hat, gab mir damals die Adresse des Herrn Bai-Li mit auf den Weg. Er sei einer der letzten echten Kormoranfischer am Erhai-See in Dali. Wie sie das bloß herausgefunden hat. In der Hoffnung, einem Geheimtipp zu folgen, besuchte ich ihn. Viel Authentizität war allerdings von ihm nicht mehr übrig. Daran erinnere ich mich jetzt auf meiner Fahrt um den riesigen See. Vielleicht finde ich sein Haus wieder und kann sehen, was aus ihm geworden ist.

In den letzten sieben Jahren hat sich hier nicht viel verändert. Manchmal verläuft die Straße nah an dem 40 Kilometer langen See, führt durch Dörfer und Felder, in denen es immer wieder nach getrocknetem Fisch riecht, dann wieder muss ich auf die Provinzstraße ausweichen, weil nur Schotterwege weiterführen, die an einem Steg enden. Gerade komme ich an einer Bushaltestelle vorbei, da werde ich mit Karacho von einem Moped mit Anhänger überholt. Es ist ein Ruderboot auf Rädern. Sechs Kormorane krallen sich daran fest, lassen sich genüsslich den Fahrtwind bei 50 Stundenkilometern um die Ohren wehen. Unverkennbar, ein Fischer mit seinem Team auf dem Weg zur Arbeit! Ich brettere sofort mit Vollgas hinterher, was hier auf der vielbefahrenen Straße nicht ganz ungefährlich ist. Aber der Fischer ist schneller, ich verliere ihn. An der nächsten Bushaltestelle, wo viele junge Leute stehen, frage ich einfach nach dem Weg. Und als sei es das Selbstverständlichste von der Welt, weiß jeder, wo der Kormoranfischer mit seinem Boot in See sticht. Wie berühmt muss der Mann sein, dass ihn jeder kennt. Ich werde misstrauisch.

An einer Hausecke stelle ich mein Handbike und den Motor ab. Plötzlich erkenne ich alles wieder, hier war ich schon einmal, es ist das Haus des Herrn Bai-Li. Ein echtes Déjà-vu-Erlebnis. Ich rolle durch den Innenhof, der am anderen Ende am See mündet. Gerade überlege ich, ob ich mir das noch einmal antun soll, da wird mir die Entscheidung schon abgenommen. Jemand packt mich von hinten an den Griffen des Rollstuhls. Breit grinsend schiebt mich ein Arbeiter voran. Er hat sichtlich Freude daran, mir meine Selbstbestimmung

Kormoranfischer, die ausschließlich von ihrer Arbeit leben, gibt es in China kaum noch. Der Tourismus ist lukrativer. Drei Kormorane warten an der Reling auf den Befehl des Herrn Bai-Li, auf die Jagd zu gehen.

zu entziehen. Normalerweise entscheide ich, wo es langgeht. Aber in diesem Falls lasse ich ihm den Spaß. Auch ich habe Freude daran, andere glücklich zu machen. Der Illusion, dass er eines der seltenen chinesischen Exemplare mit Helfersyndrom ist, erliege ich indessen nicht. Die wollen mein Geld.

Mein Schiebling gibt Alarm, ruft etwas für mich Unverständliches über den Hof. Sofort stürzen aus Türen und Toren Frauen und Männer in bunten Trachten herbei, bilden ein Spalier und spielen mir auf. Die Musik klingt schrecklich. Nur aus Instrumenten, denen Gewalt angetan wird, kann man solche Töne herauspressen. Schön langsam werde ich daran vorbeigeschoben, ich soll die Kakophonie wohl genießen. Kaum habe ich die Truppe passiert, versiegt das schräge Konzert. Als ich mich umblicke, sind die Künstler längst wieder in ihren Löchern verschwunden. Mir wird keine Zeit gelassen, das zu verdauen. Weiter geht's.

Vor mir stehen auf einmal acht Männer und sie wirken keineswegs arbeitsscheu. Umgehend machen sie sich an mir und meinem Rollstuhl zu schaffen. Auf das, was sie mit mir vorhaben, habe ich keinen Einfluss mehr. Eine Schwimmweste wird mir übergeworfen und dann, wie von Engelsflügeln getragen, gleite ich über das schlammige Ufer und den Steg hinweg direkt hinein in das Boot des Herrn Bai-Li. Stolz betrachten die acht Arbeiter ihr Werk, korrigieren meinen Stand und vertäuen meinen Rollstuhl mit der Sitzbank im Boot. Es gelingt mir auch nicht, sie daran zu hindern, mich mit den Seilen an den Rollstuhl zu fesseln. So behindert bin ich doch gar nicht. Die Truppe macht sich wirklich Sorgen um mich. Nichts darf mir passieren. Was aus mir wird, wenn das Boot kentert, haben sie sich nicht überlegt. Mein Rolli würde mich gnadenlos in die Tiefe ziehen. Und jetzt erinnert sich auch Herr Bai-Li, dass ich vor Jahren schon einmal bei ihm im Boot saß. Diesmal spendiert er mir seine Show kostenlos. Heute bin ich Ehrengast bei ihm und seinen Vögeln. Die warten nur auf sein Kommando und los geht's auf den See.

Kormorane können alles: tauchen, schwimmen, laufen und natürlich fliegen, hätte Herr Bai-Li ihnen nicht die Flügel gestutzt. Welches Tier kann das schon. Und wenn er ihnen nicht auch noch den Hals zuschnüren würde, könnten sie die Fische, die sie fangen, manche halb so groß wie sie selbst, auch herunterschlucken. Stattdessen bleiben sie ihnen buchstäblich im Halse stecken. Die Vögel liefern ihre Beute brav beim Boss ab, er zieht ihnen den Fang einfach aus dem Hals, und als Belohnung gibt's ein kleines Leckerli.

Inzwischen hat er seinen Kormoranen auch schon beigebracht, den Fang voller Stolz in die Kamera des Touristen zu halten. Herr Bai-Li berechnet Pro Fisch 100 Yuan, aber man darf nicht glauben, dass der einem dann auch gehört. Essen tut er ihn selber.

Zurück am Steg, machen sich die acht Männer wieder an mir zu schaffen, treten sich gegenseitig auf die Füße. Man kann einen Rollstuhl nicht zu acht tragen, dafür fehlt einfach der Platz. Die Arbeiter kriegen das hin.

Herr Bai-Li lädt mich zum Grillen ein. Aber kein Fisch liegt auf dem Rost. Seine schöne Tochter, die jüngste, die eben noch als Flötistin in der Folkloregruppe ihr Instrument gequält hat, steht am Grill. Unnatürlich aufgebrezelt mit vollem Make-up und in makelloser Tracht, macht sie sich an einer gerupften Gans zu schaffen, um sie zu pfählen. Jetzt steckt ihr ein Bambusstab im Schnabel, der hinten wieder herausguckt. Daran aufgehängt gart das Tier nun über der Glut.

Normalerweise durchlaufen ganze Busladungen dieses Programm, heute bin ich der einzige Gast. Herr Bai-Li hat mit seinen Töchtern, der Folkloregruppe und den Kormoranen ein richtiges Unternehmen aufgebaut. Und frischen Fisch gibt's für alle Mitarbeiter gratis. Die Tochter von Herrn Bai-Li erklärt mir auf Englisch, dass die Minderheit der Bai hier am Erhai-See eine eigene Sprache und Schrift besitzt und berühmt ist für die Kunst der Kormoranzucht. Auf meine Frage, ob es noch Kormoranfischer gibt, die ausschließlich davon leben, lächelt sie. Nein, das sei vorbei. Touristen mit zum Fischen zu nehmen sei viel lukrativer.

Auf meinem Rückweg zum Hotel passiere ich den Chongsheng Tempel, der mit seinen drei riesigen Pagoden das Wahrzeichen der Stadt bildet. Er liegt am Fuße der Berge, die den See ringsum einfassen. Das Wachpersonal am Eingang zum Tempelbereich krittelt an meinem Motor herum, findet den Lärm unpassend und will mir nur ohne das Ausstattungsstück Einlass gewähren. Da bin ich mit ihnen einer Meinung. Ich hatte auch gar nicht vor, damit die Ruhe zu stören. In Handarbeit mache mich auf den steilen Weg.

Bis zur ersten Pagode schaffe ich es. Dann sind sie wieder da, die Stufen und Treppen, meine verhassten Widersacher. Es sind genügend chinesische Reisegruppen unterwegs, und es wäre sicher interessant herauszufinden, wo Hilfsbereitschaft bei ihnen anfängt weh zu tun und wann sie sich verweigern. Aber ich muss da nicht hoch. Das Projekt, die Chinesen einem Test zu unterziehen vertage ich. In einer ruhigen Ecke des Platzes vor der Pagode lasse ich den Tag vollkommen zufrieden ausklingen.

Am Jade-Drachen-Schneeberg

Die vier Pferdestärken hinter mir sind wieder komplett. Im Industriegebiet in Dali hatte ich gestern eine Loncin-Vertretung aufgetan. Einer der größten Hersteller von Motoren für Ackergeräte, Stromaggregate sowie jegliche Art von Zweirädern in China. Ein billiges Duplikat meines Hondamotors stand sogar im Verkaufsraum. Die passende Düse für Höhen bis 3000 Meter hat der Verkäufer mit einem Handgriff aus der Schublade gezogen. Sein Englisch war nahezu perfekt. Eine Wohltat, endlich einmal wieder mit jemandem normal reden zu können. Er konnte sich gar nicht sattsehen an meiner Konstruktion eines schiebenden Anhängers und ließ sich jedes Detail genau erklären. Vor allem die komplizierte Schnellkupplung am Rollstuhl, die in Kurven horizontal und vertikal viel Kraft übertragen muss, hat ihn brennend interessiert. Wenn das mal kein Raubkopierer war. Wenn es also stimmt, was behauptet wird, dass die Chinesen alles nachbauen, dann weiß ich jetzt schon, wie sich die Rollifahrer in Zukunft in China fortbewegen werden.

Davon abgesehen hat mich die Begeisterungsfähigkeit der Chinesen bisher maßlos enttäuscht. Wie reckte man auf meinen Testfahrten in Deutschland die Köpfe nach meinem Antrieb! Welch eine Mordsgaudi war es gewesen, 2016 damit durch Myanmar zu düsen. Die Burmesen begrüßten mich mit wahren Freudenschreien, wenn ich durch ihre Dörfer brauste und mein Vortragspublikum riss es von den Hockern beim Anblick der Videos, wenn ich auf der Leinwand riesige Trucks mit dem Rollstuhl überholte. Nur die Chinesen bleiben völlig cool, die meisten jedenfalls. Umso mehr freue ich mich, wenn ich einen Fachmann begeistern kann. Bei meiner Bitte, mir auch gleich noch Düsen bis 5000 Metern zu verkaufen, blieb ihm der Mund offen stehen. „Wo willst du hin?", fragte er mit ungläubigem Staunen. Als ich ihm von Shanghai und dem Jangtse erzählt hatte und dass mein Ziel die Quelle des drittgrößten Flusses der Welt sei, hat er mich angeschaut und einen langen Moment gar nichts mehr gesagt. Verständlich, es braucht Zeit, sich solche Dimensionen vor Augen zu führen. Ob ich denn wüsste, dass Tibet und viele Straßen im Grenzgebiet gesperrt seien, meinte er, als ich mich verabschiedete. Ich hatte davon gehört, aber aufgrund meiner Erfahrungen, dass sich solche Restriktionen vor Ort meist in Luft auflösen, blieb ich arglos. Düsen für alpine Höhen allerdings konnte er mir nicht verkaufen.

Jetzt arbeitet mein Triebling mit voller Kraft. Die braucht er auch. Es geht hinauf nach Lijiang auf 2600 Metern Höhe. Die Stadt liegt eingebettet zwischen zwei Gebirgsketten in einer riesigen Schleife des Jangtse. Erste Zeichen tibetanischer Einflüsse werden sichtbar. Hier und da sehe ich Gebetsfahnen, Manisteine, Glockenpagoden und ungeheuer massive Bauernhäuser. Zwei gemauerte Seitenwände, die nach oben hin konisch verlaufen, und glatte Baumstämme tragen ihr Dach und die kunstvoll verzierten Balkone. Unverkennbar, hier hat alte Handwerkskunst gewirkt.

Lijiang wurde 1996 von einem schweren Erdbeben heimgesucht, bei dem ein großer Teil der Betonbauten in sich zusammenbrach. Die geringsten Schäden wiesen die flexiblen, traditionellen Holzhäuser auf. Daraus hat man gelernt. Bis heute besitzt Lijiang eine von der Abrissbirne weitgehend verschonte Altstadt. Und noch eine Besonderheit wird vermeldet: Lijiang ist eine der wenigen Städte in China, in der Minderheiten noch die Bevölkerungsmehrheit bilden. Die größte Gruppe unter ihnen sind die Naxi.

Während ich über das mittelalterliche Kopfsteinpflaster hoppele, werde ich allerdings das Gefühl nicht los, in einem inszenierten Theater unterwegs zu sein. Selten ein Geschäft, in dem der gemeine Chinese seine Grundbedürfnisse befriedigt. Es gibt getrocknete Insekten, teure Ginseng-Wurzeln, Geschäfte, in denen Körperteile von Tieren verkauft werden, die sich nicht identifizieren lassen, und jede Menge Plastikkram, für den ein Naxi kaum eine Verwendung finden würde. In der Tat, im Hotel bestätigt mir ein Angestellter, dass den Minderheiten beim Verlassen ihres Hauses empfohlen wird, doch ihre Tracht zu tragen, um das Stadtbild abzurunden und für die Touristen attraktiv zu machen. Ein Freilichtmuseum? Aber davon einmal abgesehen ist der Spagat zwischen dem Erhalt alter Bausubstanz, der Traditionen und der kulturellen Eigenschaften der Ethnien sowie dem Tourismus, der manchmal wie ein Krake alles vereinnahmt, besser gelungen als in vielen anderen chinesischen Orten.

Die traditionelle Architektur und Bauweise der Holzhäuser in Lijiang garantiert hohe Stabilität bei Erdbeben. Die Konzerte des Naxi-Orchesters in Lijiang sind in ganz China berühmt.

Von den Gletschern des Jade-Drachen-Berges vor den Toren der Stadt, werden die Kanäle gespeist, die die Altstadt durchziehen. Ich rolle über geschwungene Steinbrücken, durch enge Gassen und beobachte das Treiben der bunt gekleideten Bewohner.

Die Mosuo, ein ethnischer Zweig der Naxi, lebten in den Dörfern vor kurzer Zeit noch in einer Art Matriarchat ohne jegliche eheliche Beziehung. Stattdessen haben Männer des Nachts Frauen aufgesucht und sie am Morgen wieder verlassen. Kinder, die aus diesen Kurzbesuchen entstanden, wuchsen in der Familie der Mutter auf. Durchaus mit dem Wissen, wer im Dorf ihr Vater ist. Dass solche Strukturen in Zeiten digitaler Vernetzung und hoher Mobilität aussterben, ist kein Wunder. Es beginnt mit dem Straßenbau, über den die Jugend abwandert. Zurück bleiben die Alten und der Rest einer Tradition, die eines Tages vergessen sein wird.

Trotz allem versuchen die ethnischen Gruppen ihre Kultur zu wahren. Ein geradezu herzzerreißendes Schauspiel lässt sich regelmäßig in der Kulturhalle in Lijiang erleben, wenn sich das Naxi-Ensemble zur Aufführung einfindet. Im Programmheft, das mir an der Kasse in die Hand gedrückt wird, lese ich von „lebenden Fossilien", die den Zuschauer erwarten. Die Mitglieder des Orchesters haben ihre Plätze eingenommen, das Licht geht an und zum ersten Mal habe ich das Gefühl, nicht in China zu sein. Zwei Dutzend Musiker, Greise in biblischem Alter von weit über 80, spielen auf antiken Instrumenten, die schon ihre Vorväter benutzt haben. Es sind Lieder, deren Ursprung mit dem Einzug Kublai Khans nach China zusammenfällt. Altertümliche Laute aus Zimbeln, Geigen und mehreren Zithern durchdringen den Saal. Manchen Geiger strengt die Darbietung derart an, dass sie zwischen ihren Einsätzen dahindämmern. Allein dieser Anblick rührt an.

Viele der historischen Instrumente mussten während der Kulturrevolution vor 50 Jahren vergraben werden, um sie vor Maos Schergen zu schützen. Eine Ahnengalerie verstorbener Musiker krönt die Bühne und untermauert den Eindruck, man erlebe hier gerade das Ende einer Ära mit. Obwohl ich auch ein paar jüngere Musiker entdecke, erscheint mir die Aufführung wie eine Allegorie auf das letzte Aufbäumen einer dem Untergang geweihten Kultur.

Hundeliebe

Heute ist ein schwarzer Tag, es gibt zwei schlechte Nachrichten. All meine Bemühungen, ein Team auf die Beine zu stellen, das mir hilft, einen Blick in die Tigersprungschlucht zu werfen, laufen ins Leere. Knapp 4000 Meter unterhalb des Jade-Drachen-Berggipfels fließt der Jangtse durch die weltweit tiefste Schlucht. Auf meinen Reisen durch Indien, Nepal, Tibet und auch mancherorts in China konnte ich oft Sherpas oder einfache Arbeiter motivieren, mich abseits befestigter Wege durchs Gebirge zu tragen. Freilich nicht umsonst. Hier in Lijiang, das immerhin Ausgangspunkt für Trekkingtouren durch die Schlucht ist, hat noch nie jemand von einer solchen Dienstleistung gehört. Diese Schlucht war eines der Highlights auf meiner Reise. Ich bin maßlos enttäuscht. Wieder muss ich meine Fähigkeit zur Resilienz hervorkramen. Rückschläge hinnehmen, akzeptieren, was nicht zu ändern ist, und das in den Vordergrund setzen, was realisierbar ist, habe ich seit meinem ersten Tag im Rollstuhl verinnerlicht. Ebenso die Tatsache, dass nur Erfolg haben kann, wer das Scheitern gelernt hat. Man kann es auch mit der abgedroschenen Phrase übersetzen: „Einfach positiv denken." Leider ist das nicht immer so einfach. Wahrscheinlich werde ich mich an Verzicht nie wirklich gewöhnen können.

Und vielleicht fällt es mir gerade jetzt besonders schwer, weil die zweite schlechte Nachricht noch viel Schlimmeres vermuten lässt. Der Verkäufer im Motorradladen in Dali hatte es ja schon angedeutet. Jetzt ist es konkret. In einem der Reisebüros der Stadt erfahre ich, dass Tibet und das Grenzgebiet, das der Jangtse mit seinem Lauf bildet, zurzeit komplett gesperrt sind. Ohne Chance auf eine Sondergenehmigung. Ein Permit gibt es, wenn überhaupt, nur mit guten Beziehungen zur Provinzregierung in Xining, über 1000 Kilometer von hier entfernt. Diese für mich katastrophale Nachricht sagt mir der Mitarbeiter mitleidslos ins Gesicht, ohne sich die Mühe zu machen, auch nur ein einziges tröstliches Wort einfließen zu lassen. Beim Verlassen des Büros setzt er noch eins drauf und gibt mir ganze 100 Kilometer, bis der erste Militärposten meiner Reise ein Ende machen wird. Anscheinend hat er noch nie etwas von den Regeln des „Gesichtwahrens" gehört, wonach er mir die schlechte Nachricht in einer Form hätte übermitteln müssen, die mir einen positiven Ausweg ermöglicht. Aber was er sagt, ist die Realität, die ich zu akzeptieren habe. Ich weiß, er kann nichts dafür und es ist ungerecht von mir, aber für einen Moment hasse ich ihn. Andererseits, denke ich, dass China mich fordern wird, wusste ich vorher.

Ich muss jetzt auf die Straße, um mein Gemüt zu beruhigen, muss fahren und das Gefühl bekommen, dass es irgendwie weitergeht. Habe ich bisher nicht immer einen Weg gefunden? Selbst wenn es Umwege waren, ging es doch weiter! Mit jedem Kilometer erhöht sich der Level meiner Zuversicht. Den Zugang zur Tigersprungschlucht lasse ich einfach links liegen, das Thema ist längst abgehakt und tangiert mich nicht mehr. Kurz danach bin ich vollkommen sicher, dass ich mein Ziel, die Quelle des Jangtse, erreichen werde. Ich weiß nur noch nicht wie, aber mein Traum wird in Erfüllung gehen.

Passend dazu weist mich das nächste Straßenschild ins Paradies, in den Ort der Stille und Reflexion aus dem Roman *Der verlorene Horizont*. Nur noch 125 Kilometer sind es nach Shangri-La. Welch ein Quatsch. Schuld waren die vielen Touristen, die Shangri-La buchen und nicht einsehen wollten, dass dieser Ort fiktiv ist und es ihn einfach nicht gibt. Um die Nachfrage zu befriedigen, hat sich die Tourismusbehörde den beschaulichen Ort Zhongdian ausgeguckt. Er wurde kurzerhand in Shangri-La umbenannt, man pflanzte die größte Gebetsmühle der Welt in sie hinein, ohne Superlative geht's halt nicht, und seitdem ist es vorbei mit der Ruhe.

Zhongdian besitzt ein fantastisches Kloster, eine frisch restaurierte Altstadt mit der besagten Riesengebetsmühle und Naturschönheiten in der Umgebung. Wovon ich aber erzählen möchte, ist so banal, dass mancher Leser sich jetzt fragen wird, warum ich dem derart viel Gewicht beimesse. Es geht um meine Bekanntschaft mit einem Hund. Dabei habe ich wegen der Unberechenbarkeit einiger ihrer Artgenossen ein gestörtes Verhältnis zu vor allem bedrohlichen Hunden. Meine Kopfhöhe von einen Meter vierzig und ihre relative Größe dazu sind der Grund dafür und natürlich die Tatsache, dass ich Arme und Hände zum Fortbewegen dringend nötig habe und es unter keinen Umständen zulassen kann, dass selbst der liebste Freund des Menschen sich darin festbeißt. Also kurz gesagt, ich mag Hunde, solange sie mir fern bleiben.

Die ersten Gipfel des östlichen Himalaja werden sichtbar. Wer schon immer das geheimnisvolle Shangri-La sehen wollte, die chinesische Tourismusindustrie macht's möglich.

Beim Fotografieren der Gebetsfahnen ahne ich noch nicht, was mich erwartet. Dieser Hund, kleiner als unsere Katze, hat sich entschlossen, von jetzt an mein Freund zu sein.

Mit ihren feinen Sinnesorganen spüren die meisten das und gehen mir aus dem Weg. Nicht dieser kleine Mops-Tibet-Spaniel-Mischling. Auf dem Dorfplatz fotografiere ich die Gebetsfahnen, da sehe ich ihn erstmals ganz nah vor mir. Zu nah für meinen Geschmack. Da er keine Bedrohung darstellt, beachte ich ihn jedoch nicht weiter, womit jeder Hund der Welt das Interesse an mir verloren hätte. Dieser kleine Mischmops jedoch schaut unentwegt zu mir hoch und weicht den ganzen Tag über nicht mehr von meiner Seite. Was will er mir mit seiner Distanzlosigkeit bloß sagen? Entweder ist er ein bisschen doof und nimmt meine Signale nicht wahr, oder unsterbliche Liebe zu mir vernebelt seine Sinne. Letzteres scheint der Fall zu sein. Er benimmt sich, als gehörte ich ab jetzt zu ihm. Egal wohin, er klebt an mir, macht jede Drehung des Rollstuhls mit, dass es mir schwerfällt, ihm nicht über die Füße zu fahren. Der Kleine hat mich zu seinem Herrchen gemacht, ohne zu fragen.

Ich rolle durch die schmalen Gassen, an Gebetsmühlen und betenden Pilgern vorbei, schaue mir die schönen Häuser an und ignoriere meinen Begleiter einfach. Das wirkt, weg ist er. Hätte mich auch gewundert. Erleichtert aber auch etwas verwirrt über diese merkwürdige Begegnung rolle ich am späten Nachmittag zum Hotel, um neue Akkus für die Kamera zu holen. Im Aufzug dann dieses Geräusch, ein flehendes Fiepen unter meinem Rollstuhl. Da ist er wieder – oder immer noch? Er war nie weg, hat sich unter mir an der Rezeption vorbeigemogelt. Und ich hatte mich schon gewundert, warum das Personal mich so belustigt anschaut. Jetzt sitzt er in meinem Zimmer auf dem Bettvorleger, fiept mich an und lässt mich nicht mehr aus den Augen.

Ich höre mich verzweifelt mit ihm reden: „Was soll ich denn bloß mit dir machen, ich kann dich doch nicht mitnehmen." Er fiept Unverständliches zurück. Der Kleine ist durchaus niedlich und hätte vermutlich das Zeug dazu, mich mit seinen Artgenossen zu versöhnen. Fassungslos stehe ich da und überlege, wie ich ihn wieder loswerde, ohne ihm das Herz zu brechen. Der Trick ist gemein, ich weiß, aber anders geht es nicht. Ich rolle mit meinem Hündchen unter dem Rollstuhl zum Markt, dort, wo sich die ganzen Straßenköter herumtreiben, die mir Tags zuvor aufgefallen waren. Blind für den Straßenverkehr haben sie die läufigen Hündinnen verfolgt. Auch Möpse vom Kaliber meines treuen Begleiters waren dabei. Vielleicht ist das was für ihn? Tatsächlich wagt er sich aus seinem Versteck, ist abgelenkt durch den Geschlechtstrieb der

Für einen Tag bin ich das Herrchen dieses Mops-Tibet-Spaniel-Mischlings.

Streuner und merkt nicht, wie ich hinter der nächsten Straßenecke verschwinde. Erleichtert rolle ich zum Hotel, plane, sofort alles zu packen und umzuziehen, bevor er sich erinnert, wo ich wohne. Aber neugierig bin ich doch, rolle noch einmal zurück und schaue vorsichtig um die Ecke. Dort, wo ich ihn verlassen habe, steht der Kleine, dreht suchend den Kopf und fiept flehentlich sein trauriges Lied. Jetzt bricht es mir fast das Herz.

Sun und das Glück des Optimisten

All das hat mich meine Augen nicht vor der Realität verschließen lassen. Davor nämlich, dass meine Reise hier in einer Sackgasse endet – vorerst. Das Handbike ist für den Rückflug verpackt, meinen Triebling hat die Spedition gerade abgeholt, während ich in der Hotellobby auf den Wagen warte, der mich nach Kunming bringt, von wo ich den Flieger über Shanghai nach Hause nehme. Ich will diese Pause nutzen, um meinem Triebling eine Inspektion zu gönnen, Vergaserdüsen zu besorgen und mich mit warmer Kleidung einzudecken. Mein Plan ist, von Deutschland aus Kontakte zu knüpfen, um das Permit für das Quellgebiet zu bekommen. Darüber hinaus werde ich auf die Suche nach einem Reisepartner gehen, der Chinesisch spricht. Ohne fremde Hilfe – das ist mir klar geworden – werde ich mein Ziel, die Quelle des Jangtse, nie erreichen. Ein halbes Jahr gebe ich mir Zeit dafür.

Es gibt Momente im Leben, die ohne ein Quäntchen Glück nicht auskommen. Ja, ich bin sogar davon überzeugt, das Maß des Optimismus', mit dem man ein Unternehmen vorantreibt, kann wie ein Magnet auf das Glück wirken. Glück lässt sich nicht erzwingen, aber es fühlt sich im Umfeld des Optimisten einfach wohler. Dann, mit der Synergie aus beiden, scheint nichts mehr unmöglich. Sie hat mich mit Sun de Yue zusammengeführt. Er war Kunde einer Unternehmensberaterin aus unserem familiären Bekanntenkreis. Sie gab mir seine Telefonnummer, ich solle ihn einfach mal anrufen.

Sun und ich sind im selben Jahr auf die Welt gekommen. Wenn das kein Omen ist. Er stammt aus Shanghai, hat mit 35 Jahren sein Land verlassen, weil er in China für sich keine Zukunft sah. Ohne ein Wort Deutsch zu sprechen, kam er seinerzeit nach Hannover. Er hat ein Kunststudium an der Hochschule absolviert, war Inhaber einer Messebaufirma mit 20 Mitarbeitern, fotografiert leidenschaftlich gern, besitzt mehrere Drohnen und ist in jeder Hinsicht

Nach dem erzwungenen Abbruch meiner Reise ist Sun mein neuer Reisebegleiter, Hoffnungsträger und Türöffner für die verschlungenen Wege durch die chinesische Bürokratie.

ein Überlebenskünstler. Heute arbeitet er als Tourguide für chinesische Kleingruppen. Als ich ihn anrief, war er gerade dabei, einem jungen chinesischen Hochzeitspaar auf Schloss Neuschwanstein die Verrücktheiten des bayerischen Königs Ludwig zu erklären. Sun war brennend an meinem Projekt interessiert. Mein erster Besuch bei ihm zu Hause in Hannover hat mich dann überzeugt: Das ist der richtige Mann. Sein Schwärmen für gute Fotografie und sein Streben, darin noch besser zu werden, seine Reiselust und Neugier und nicht zuletzt der beachtliche Werdegang dieses freiheitsliebenden Menschen, der sich als Künstler sieht und auch so lebt, hat mir gezeigt: Sun besitzt dieses Maß an Verwegenheit, das für unser Abenteuer unerlässlich ist. Die stimmige Chemie zwischen uns, die gemeinsame Wellenlänge, auf der wir uns bewegen, haben wir vielleicht dem scheinbar zufälligen Glück zu verdanken, das dem Optimisten folgt.

Ein halbes Jahr nach meinem Reiseabbruch sitzen wir zusammen im Flieger nach Xining, gleichzeitig ist mein Triebling per Spedition unterwegs. Xining ist die Hauptstadt der Provinz Qinghai, in der die Quelle des Jangtse liegt, mit einer gemeinsamen Grenze nach Tibet. Unmittelbar nach Ankunft werden wir für Sun ein Moped oder Motorrad kaufen und es mit großen Packtaschen versehen. So ausgestattet wird er mich dann begleiten. Alle Einzelheiten haben wir schon vor unseren inneren Augen. Wie naiv unser Plan.

Das East Lake Hotel in Xining wird unser Stützpunkt sein. Hier deponieren wir Gepäck und sammeln Informationen über die aktuelle politische Lage. Es ist ein imposanter, hell strahlender Bau im Halbrund mit Portalen, Türmchen und einer verschwenderisch großen Eingangshalle – der allerdings die besten Jahre bereits hinter sich hat. Warmes Wasser muss extra angefordert werden und eine Heizung fehlt gänzlich. Der einzige Grund für meine Entscheidung, hier zu wohnen, war die Rampe vor dem Eingangsportal und Aufzüge. Meine erste Bedingung für Suns Teilnahme an meinem Abenteuer war nämlich die Forderung, dass nicht er es sein wird, der mich Treppen und Stufen hochzieht. Dafür sollen nach wie vor Passanten rekrutiert werden. Es würde mir keine Ruhe mehr lassen, wenn er unsere Reise mit einem Rückenschaden bezahlen müsste.

Xining liegt auf 2200 Metern Höhe, so wie Lijiang, allerdings 1000 Kilometer nördlich davon. Wenn hier die Sonne nicht scheint, wird es kalt. Dagegen bin ich mit einem dicken Motorradanzug gut gerüstet. Seit unserer Ankunft sind wir nur mit einer Frage beschäftigt: Werden zurzeit Permits zum Betreten des Quellgebiets des Jangtse und für Tibet ausgestellt?

Schon kurz nach dem Frühstück, nach mehreren Telefonaten mit staatlichen Stellen, hat Sun die Antwort: *Mei you*, haben wir nicht, gibt's nicht, unmöglich. Die Tanggula Mountains, aus denen der Jangtse entspringt, sind militärisches Sperrgebiet, betreten verboten.

„Es sei denn, man hat Beziehungen", fügt Sun der Antwort seines Gesprächspartners, mit dem er gerade telefoniert hat, hinzu und lächelt mich dabei vielsagend an. Ohne mich weiter in seine geheimnisvollen Verbindungen einzuweihen, wählt er eine Nummer nach der anderen, spricht lange mit Leuten, mal im Ton eines Bittstellers, mal freundschaftlich scherzend, aber kein Gesichtsausdruck gibt mir eine Antwort, in welche Richtung sich seine Bemühungen wenden. Was sich vor meinen Augen abspielt, ist das Guanxi, dieses chinesische System wundersamer Kontaktpflege und das Geben und Nehmen daraus. Ein eine-Hand-wäscht-die-andere-System. Die Basis familiären Zusammenlebens, das weit in die Gesellschaft streut. Chinesen sind perfekte Netzwerker, sehen sich weniger als Individuum, sondern vielmehr als Teil einer Gruppe, in der die höchste Priorität und Loyalität die Familie besitzt. Danach kommen Freunde, Bekannte, Geschäftspartner und am Ende der Staat.

Den ganzen Tag über zieht Sun alle Register dieses verwandtschaftlichen Flechtwerks, nutzt Guthaben bei Geschwistern, begibt sich in die Schuld bei Neffen. Als er mir am Abend alles erklärt, will ich meinen Ohren nicht trauen. Mehrere Gespräche hat er mit seinem Bruder in den USA geführt. Der nämlich kennt den Direktor einer Pekinger Forschungseinrichtung, der wiederum befreundet ist mit Mitgliedern einer hochangesehenen fotografischen Gesellschaft in der Hauptstadt. Suns Bruder in den USA hat lange mit Peking telefonieren müssen. Und jetzt kommen wir der Sache näher. Es geht darum, als Gäste dieser fotografischen Gesellschaft eingeladen zu werden. Ein solches Schreiben wäre ein Freifahrtschein zum Quellgletscher des Jangtse. Die Empfehlung für die Einladung soll morgen schon an die Provinzregierung hier in Xining gemailt werden. Was jedoch nicht bedeutet, dass alles geklärt sei. Hierarchien müssen beachtet, Gesichter gewahrt, niemand darf übergangen werden. Ein einziger Fehler in diesem Gefüge aus Geboten und Verboten von Reputation und Ansehen, dem Mianzi, und alle Bemühungen waren umsonst.

Mit all meinem Charme und einem opulenten Dinner versuche ich, Frau Wus Sympathien zu wecken. Sie soll den Kontakt zu Herrn Zhang herstellen. Herr Zhang vor seiner Wohnung. Er ist die Schlüsselfigur zum Erfolg meines Abenteuers.

Uns wird die Telefonnummer von Frau Wu gegeben, einer Mitarbeiterin in der hiesigen Provinzregierung. Sie müssen wir als Erstes für uns gewinnen, um nicht zu sagen: manipulieren. Ziel ist es, sie davon zu überzeugen, dass es im Moment nichts Wichtigeres in ihrem Leben gibt, als für uns ein gutes Wort bei Herrn Zhang einzulegen. Denn dieser Herr Zhang steht am oberen Ende der Beziehungskette. Und weil in China der Weg zum Herzen über den Magen führt, laden wir sie opulent zum Essen ein. Eine Investition, die die Chinesen als „den Samen legen" bezeichnen.

Frau Wu, die sich hier auskennt und der wir die Wahl des Restaurants überlassen haben, holt uns vom Hotel mit ihrem schicken Audi ab. Eine moderne Frau mittleren Alters, dezent geschminkt im karierten Hemd, mit zu einem Zopf gebundenen Haaren. Die ganze Sache verläuft in lockerer Atmosphäre mit viel Smalltalk. Wir unterdrücken unsere Nervosität und lassen es uns nicht anmerken, welche Bedeutung dieses Treffen für uns hat. Mit keinem Wort wird unser Anliegen angesprochen. Frau Wu weiß, worum es geht, und muss nicht erneut darauf hingewiesen werden. Am Ende sagt sie ganz beiläufig, dass sich Herr Zhang bei uns melden wird. Fertig, alles richtig gemacht. Erst im Hotelzimmer brechen wir in Freudengeschrei aus. Vielleicht zu früh.

Prompt ruft Herr Zhang am nächsten Morgen an und steht eine halbe Stunde später zum Frühstück bei uns auf der Matte. Ich bin überrascht, Autoritäten, hohe Angestellte, stelle ich mir einfach anders vor. Seine Statur, klein, untersetzt, mit einer Brille, die von den Nasenflügeln gehalten wird, passt so gar nicht zu der Vorstellung von einem hohen Tier in der Provinzregierung. Vermutlich ein ausgefuchster Schreibtischtäter. Das Procedere mit Herrn Zhang, die Annäherung, der Aufbau einer zwischenmenschlichen Beziehung, ist von ganz anderem Kaliber als das mit der Frau Wu. Er macht ein Treffen für denselben Abend mit uns aus, im Restaurant des Sofitel, reserviert hat er schon. Als er verschwunden ist, schaue ich Sun überrascht an. „Das Sofitel hat fünf Sterne, was bedeutet das? Lädt er uns ein? Wir wollen doch etwas von ihm, folglich hätten wir ihn einladen müssen."

„Ich weiß es nicht", so Suns ratlose Antwort, „warten wir es ab."

Für das Dinner in der Luxusherberge muss ich mich angemessen kleiden. Die Entscheidung, welche der beiden Hosen zum Zuge kommt, ist schnell getroffen. Sun hat es da noch leichter, er will die ganze Reise mit nur einer Lederhose absolvieren. Er liebt sie.

Definitiv schlecht angezogen, den kritischen Blicken des Personals ausgesetzt, stehen wir in der Lobby und warten auf Herr Zhang. Sun meint beim Betrachten des Interieurs, es könne nicht sein – dieses Hotel sei nämlich zu teuer –, dass Herr Zhang erwarte, ich würde das bezahlen, würde er mich damit doch in eine unangenehme Situation bringen, was der Harmonie nicht zuträglich wäre. Und in der Tat, wir sind eingeladen, wie sich herausstellt. Ein Page begleitet uns ins Restaurant, wo Herr Zhang schon wartet. Ganz stolz eröffnet er mir, dass er die Küche angewiesen habe, mir zu Ehren ein mehrgängiges deutsches Menü zuzubereiten. Ich spiele den Begeisterten, vermute allerdings Böses. Wüsste ich nicht um seine Arglosigkeit und den guten Willen, der dahintersteckt, ich müsste vermuten, er wolle mir ein adversatives Beispiel dessen vorführen, was bei uns Chinarestaurants den Deutschen auftischen.

Ich weiß nicht, was Herr Zhang bezahlen wird, nur, dass es zu viel ist. Zuerst werden Pralinen, Kekse und Instant-Kaffee serviert, dann steht ein nicht näher definierbarer Wackelpudding vor mir. Der wird gefolgt von einem trockenen Stück Fleisch garniert mit einem Röschen Blumenkohl. Als danach die Suppe und der Salat erscheint, wird mir klar, hier wurde die Reihenfolge verwechselt. Typisch deutsch und perfekt gelungen ist dagegen das Anrichten. Jeder Gast hat seinen eigenen Teller, eingerahmt von schweren, furchteinflößenden, silbernen Werkzeugen, Forken, Säbel und Schaufeln, mit denen sich fabelhaft morden ließe. Eine Mauer, die jeden Griff auf das Essen des Nachbarn vereitelt. Wie vornehm und elegant doch das chinesische Pendant ist. Ich sehne mir Stäbchen herbei, muss aber einsehen, dass sich diese Lebensmittel damit nicht greifen lassen. Dem armen Herrn Zhang geht es ähnlich. Bemitleidenswert sein ungeschicktes Hantieren mit unseren Esswerkzeugen. Am Ende gibt es auch hier viel Smalltalk aber kein Wort zu unserem Projekt. Noch zwei weitere Abendessen folgen, die immer auf die Rechnung des Herrn Zhang gehen, bis er uns zu sich nach Hause einlädt. Sun meint, das sei ein deutliches Zeichen. Langsam wird mir klar, woher der Wind hier weht. Für Herrn Zhang ist die Prozedur des „Samen legens" beendet, jetzt geht es darum, die Ernte einzuholen. Er will für das Permit zum Betreten der Tanggula Mountains auch etwas von mir, nämlich Geld. Komisch, dass ich nicht gleich darauf gekommen bin.

In seiner Wohnung im 30. Stock einer dieser endlosen Türme, modern, westlich eingerichtet mit Einbauküche, Flachbildfernseher und Couchgarnitur voller Plüschtiere, ziehen sich die

Verhandlungen endlos hin. Und wieder gibt es schlechte Nachrichten. Da Sun die deutsche Staatsbürgerschaft besitzt, die chinesische musste er abgeben, ist es ihm verboten, selbst ein Fahrzeug in China zu lenken. Und Herr Zhang rät mir dringend davon ab, meinen Schiebemotor in der Provinz Qinghai einzusetzen. Diese Provinz steht wegen ihrer Nähe zu Tibet unter besonderer Kontrolle. Die Polizei wird mir meinen Triebling bei der ersten Gelegenheit konfiszieren. Dazu kommt, dass es Tankwarten in Qinghai verboten ist, Benzin in Kanister abzufüllen, man könnte ja eine Bombe daraus bauen.

Um in das unwegsame Gebiet des Quellgletschers zu gelangen, bräuchten wir ohnehin zwei Allradfahrzeuge. Die könnten wir samt Fahrer, Sprit für 5000 Kilometer, Unterkunft, Lebensmittel, Sauerstoff und Träger, die vor Ort rekrutiert werden sollen, gleich bei ihm buchen. Kosten, inklusiv der Genehmigung, 6000 Euro. Zum ersten Mal kommt mir der Gedanke, ob mich hier jemand übers Ohr hauen will. Schließlich kenne ich die Preise für solche Dienstleistungen von meinen Touren am Mekong und am Ganges.

Ich mache Sun klar, dass dieser Preis vollkommen utopisch ist und ich die ganze Sache stornieren muss, wenn er mir nicht entgegenkommt. Es ist ein Pokerspiel, denn mir ist gleichzeitig klar, Herr Zhang wird meine einzige Chance sein. Bei 4500 Euro schließen wir das Geschäft mit Handschlag ab. Bis zum Schluss bleibt es für uns ein Rätsel, welche Funktion Herr Zhang wirklich inne hat und auf welch verschlungenen Wegen die Genehmigung letztendlich in unsere Hände gefallen ist. Aber sie ist perfekt auf uns zugeschnitten. Von nun an sind wir zwei berühmte Fotografen, eingeladen von der Provinzregierung. Alle Kontrollposten an den Tanggula Mountains werden darin angewiesen, uns freie Fahrt zu gewähren. Unterzeichnet von ich weiß nicht wem, samt riesigem roten Stempel, ohne den in China nichts gültig ist. Für einen harmonischen Abschluss bindet Herr Zhang seine Schürze um und bereitet Nudeln mit Gemüse und Pilzen zu. Noch bevor das Essen auf dem Tisch steht, ist mir klar, wenn ich überhaupt noch einmal mit meinem Triebling fahren will, müssen wir riesige Umwege durch die Innere Mongolei und die Provinz Gansu machen. Nach Aussage des Herrn Zhang werden die Bestimmungen dort lockerer gesehen.

Zurück im Hotel empfängt mich eine Mail voller chinesischer Schriftzeichen. Sun übersetzt, dass mein Triebling das chinesische Festland erreicht hat und gegen einer Gebühr von 40 Euro beim Zoll in Zhongshan zur Abholung bereitsteht. Es dauert eine Weile, bis ich herausfinde, dass dieses Zhongshan vor der Küste Hongkongs liegt, gut 2000 Kilometer Luftlinie von hier entfernt. „Ach so", fügt Sun noch an, „persönlich und gegen Vorlage meines Identitätsnachweises."

Inzwischen bin ich schlechte Nachrichten derart gewöhnt, dass mich auch diese kaum noch erschüttert. Ich zeige Sun die Versandunterlagen, denen zufolge das Zielgebiet für die Lieferung meines Motors Xining ist und nicht Zhongshan. Sun prüft, ob sein Handy-Akku voll ist, denn er weiß, für die Gespräche mit den Behörden wird er viel Energie brauchen, in jeder Hinsicht. Und zum ersten Mal lerne ich meinen Freund, der bisher immer freundlich und umgänglich war, von seiner aggressiven Seite kennen. Die Schimpftiraden, die er ins Telefon brüllt, verstehe ich, auch ohne Chinesisch zu können. Er spricht schnell, seine Worte klingen hart und provokant. Und nicht ein Lächeln kommt über sein Gesicht. Am Ende gelingt es ihm mit Hilfe des Hotelmanagers, der meine Identität gegenüber dem Zoll bestätigt und die 40 Euro überweist, eine Spedition zu beauftragen, meine Holzkiste per express nach Xining zu liefern. Nach 48 Stunden trifft sie ein. Was würde ich nur ohne Sun tun? Nichts, aber auch gar nichts, hätte ich hier allein bewerkstelligen können.

Erst nach heftigen Beschwerden bei den Zollbehörden, ist es Sun gelungen meinen Triebling frei zu bekommen.

Klöster und Mönche unter staatlicher Fuchtel

Herr Zhang lässt sich nicht lumpen. Vor dem East Lake Hotel stehen zwei panzergroße SUVs, die mich erst einmal erschrecken. Es sind Toyota Allradfahrzeuge, vollgepackt mit sämtlichem Equipment, mit Sauerstoffflaschen und sogar Klappstühlen und einem Tisch. Selbst die Eisenstangen hat er nicht vergessen. Aufgrund meiner Erfahrungen auf dem Weg zur Quelle des Ganges und der des Mekong, wo mein Rollstuhl mit langen Stangen zu einer Art Sänfte umgebaut wurde, habe ich Herr Zhang gebeten, auch solche Stangen zu besorgen. Mit deren Hilfe, so alles nach Plan verläuft, will ich mein Ziel erreichen. Weil aber bisher auf der ganzen Reise nichts nach Plan verlief, mache ich mir keine Illusionen darüber, dass auch weiterhin nahezu täglich neue Entscheidungen getroffen, Träume und Wünsche abgehakt und Umwege in Kauf genommen werden müssen. Rückschläge eröffnen immer auch den Weg für neue Chancen, weshalb die Reise bis zum letzten Tag spannend bleiben wird.

Der Beifahrersitz ist derart hoch, dass es mir beim besten Willen nicht gelingt, ohne fremde Hilfe einzusteigen. Unser Fahrer wird mir also jedes Mal unter die Arme greifen müssen. So hatte ich mir das nicht vorgestellt. Welche Abenteuer werde ich hier vom Beifahrersitz aus noch erleben? Mein Unbehagen, als ich noch allein unterwegs war, was ich tun werde, wenn etwas passiert, wird plötzlich von der Befürchtung überlagert, was aus meiner Reise wird, wenn *nichts* mehr passiert. Schon jetzt sehne ich mich danach, wieder mein Handbike und den Motor anzudocken, um selbstbestimmt zu reisen. Spätestens beim Überschreiten der Grenze zur Inneren Mongolei werde ich wieder selbst Gas geben. Das nehme ich mir fest vor.

Herr Wang, ehemaliger Truckfahrer mit kräftiger Statur, fit und willig, mich auch größere Mengen an Stufen zu schleppen, sitzt am Steuer. Unser zweiter Fahrer ist im Gegensatz zu seinem Kollegen zurückhaltend, sogar etwas schüchtern. Er ist Herr Zhang Junior, der Sohn des hohen Tieres in der hiesigen Verwaltung. Ich kapiere, so läuft hier der Hase.

Wir wollen auf schnellstem Wege Qinghai verlassen und in die Innere Mongolei. Nur kurze Abstecher erlauben wir uns. Dazu gehört der Qinghai-See, das von Touristen überlaufene Kumbum-Kloster und der kleine Ort Taktser, 40 Kilometer südöstlich von Xining. Erstaunlicherweise ist er in keiner Liste der Sehenswürdigkeiten verzeichnet, selbst die Backpackerbibel *Lonely Planet China* unterschlägt den Ort und erwähnt mit keinem Wort, dass der 14. Dalai Lama dort geboren wurde. Meine Mail an den Verlag mit einer Bitte um Erklärung wurde nie beantwortet. Ich frage mich, was das zu bedeuten hat, und vermute nichts Gutes. War doch sogar das Zeigen eines Abbildes des religiösen Führers der Tibeter über 17 Jahre hinweg verboten. Erst 2013 wurde diese Regelung gelockert.

Wir fahren auf einer gut ausgebauten Straße, gesäumt von Pappeln durch idyllische Dörfer, vorbei an Getreidefeldern, die zum Teil in Terrassen den Bergen abgetrotzt wurden. Nach 20 Kilometern biegen wir in dem Ort Xianggoumen links ab in einen unbefestigten Weg. Nichts weist auf den bedeutenden Ort hin, der nur drei Kilometern entfernt liegt. Am Ortsausgang dann werden wir von einer Polizeisperre aufgehalten. Zwei Uniformierte erscheinen aus einem provisorisch aufgestellten Container an der Straße und erklären freundlich aber bestimmt, dass ein schwerer Unfall die Straße blockiert und die Zufahrt nach Taktser unmöglich sei. Wir bräuchten auch nicht zu warten, die Räumung würde Tage dauern. Eine Erklärung, warum mehrere Kleinlaster und Traktoren uns entgegenkommen, gibt es nicht. Sun hält es für sinnlos, eine Diskussion anzuzetteln. Wir sind offensichtlich nicht erwünscht. Wir könnten versuchen, den Ort von der Rückseite anzufahren, aber Sun rät mir, darauf zu verzichten. Unsere Fahrer seien bereits jetzt nervös, wollten unbedingt hier weg und schon gar nicht die Polizeisperre illegal umfahren. Die Gefahr, Abzüge im Sozialkreditsystem zu riskieren, sei es ihnen nicht wert. Ich willige ein, so wichtig ist mir der Besuch des Geburtshauses des Dalai Lama auch wieder nicht.

Auch auf das nur 50 Kilometer entfernte Youning-Kloster hat kein Hinweisschild hingewiesen. Eigentlich sind wir nur darauf gestoßen, weil mir die goldenen Dächer von der Straße aus aufgefallen waren. Warum dieses Kloster gewissermaßen unter Verschluss gehalten wird, ahnen wir noch nicht. Aber kurz nachdem Sun mit seiner Kamera im Kloster verschwunden ist und ich vom Parkplatz aus meine Drohne losschicke, rast ein Polizeiauto mit rot-blau blinkendem Licht heran. Weil ich die Drohne gerade zwischen zwei Bäumen hindurchsteuere und mich konzentrieren muss, nehme

Die acht Chörten am berühmten Kumbum-Kloster bei Xining.

ich nur aus den Augenwinkeln wahr, wie sie aussteigen und forsch zu mir herüberkommen.

Als sie mich wild gestikulierend und mit eindeutig unfreundlichem Gehabe auffordern, sofort zu landen, wird mir der Ernst der Lage schnell klar. Wang und Zhang, die in nur 30 Metern Entfernung in den Autos sitzen, wagen es nicht, sich zu rühren. Würden sie mit uns in Verbindung gebracht werden, sie müssten mit Schwierigkeiten rechnen. Nach der Landung verstaue ich die Drohne, nehme das Smartphone aus der Steuerung und lösche für beide sichtbar wie gefordert alle Videos. Dass es nur Vorschaubilder waren und die Originaldaten in 4K auf der Speicherkarte in der Drohne stecken, verschweige ich.

Damit ist der Stress aber noch nicht vorbei. Ich rufe Sun an, bitte ihn zurückzukommen. Nur sein diplomatisches Geschick rettet uns letztendlich den Hals. Schließlich seien wir nur zwei Touristen, entschuldigt er sich, die nicht wissen könnten, dass das Fotografieren hier am Kloster verboten sei, es stünde ja auch kein Verbotsschild da. Trotzdem werden unsere Pässe von den Polizisten abgelichtet. Heimlich mache ich dabei ein Foto. Als sie weg sind, schaut Sun mich besorgt an. Von Passanten erfahren wir, dass das Kloster eine Keimzelle für Widerständler ist und unter Beobachtung steht.

Erneut wird mir die Spitze des Eisbergs totaler Überwachung in China vor Augen geführt. Krasses Beispiel dafür ist auch eines der größten tibetischen Lehrinstitute Larung Gar in der Provinz Sichuan. Geschätzt 50 000 Mönche und Nonnen lebten dort noch vor Kurzem in rot getünchten Hütten um das Kloster herum. Dieser Wildwuchs und schwer zu kontrollierende Zuzug von immer mehr Mönchen und Novizen war den Behörden ein Dorn im Auge. Kurzerhand wurde die Region gesperrt, man riss die Hälfte der Hütten ab, vertrieb die Mönche und installierte Überwachungskameras, um aus dem Kloster und den verbliebenen Bewohnern eine Touristenattraktion zu machen.

Wie sehr Qinghai, doppelt so groß wie Deutschland, vom tibetischen Buddhismus geprägt ist, spüren wir überall. Am Qinghai-See, einem der größten Salzseen der Welt, der den Tibetern heilig ist, begegnen wir Pilgern, die sich immer wieder der Köperlänge nach niederwerfen und auf diese Weise den See – eine Strecke von über 300 Kilometern – umrunden, um schließlich bei ihrer Ankunft am Kumbum-Kloster die Erfüllung persönlicher Wünsche zu erbitten, ein Versprechen einzulösen oder schlicht gutes Karma anzuhäufen.

Glücklich, wieder selbst Gas geben zu können

Unsere Reise geht stramm nach Norden. Wir überqueren auf einer Strecke von nur 280 Kilometern das Qilian-Gebirge mit schneebedeckten Gipfeln, von denen aus das Gelände steil abfällt und in den südlichen Rand der Wüste Gobi mündet. In den unzugänglichen Waldgebieten links und rechts der Straße leben noch Wölfe, Bären und Leoparden. Die sehen wir nicht, nur ihre abgezogenen Felle auf den Dorfmärkten. Kurz nachdem wir die Provinzgrenze zur Inneren Mongolei hinter uns haben, finden wir ein kleines Hotel in Jinchang, und am nächsten Morgen kann ich meine Reise endlich wieder selbst in die Hand nehmen. Mit dem Rest Benzin in meinem Tank komme ich gerade noch bis zur nächsten Tankstelle. Die beiden Fahrzeuge müssen auch nachtanken. Zu meiner Bestürzung aber wird mir Sprit verweigert, ja, ich werde barsch aufgefordert, die Zapfsäule zu verlassen. Alle Diskussionen, die Sun mit den Tankwarten führt, nutzen nichts, es ist ihnen verboten, Sprit in solche Motoren abzufüllen. Eine vollkommen blödsinnige Regelung, die uns zwingt, den Tank eines der Toyotas anzuzapfen.

In Sichtweite des Tankstellenpersonals, verlegen wir einen Schlauch von der Benzinpumpe des Autos zu einem Reservekanister, um den Sprit in meinen Tank zu schütten. Dagegen hat hier niemand etwas. Ein weiterer Liter kommt in eine Wasserflasche, die ich unter dem Rollstuhl deponiere. Das wird für mindestens 200 Kilometer reichen. Wir verabreden uns für den Abend am Rande der Wüste Badain-Jaran, 30 Kilometer jenseits von Yabulaizhen. Auf den ersten 20 Kilometern fahren wir im Konvoi, wobei Sun mich fotografiert und Videos macht. Dann trennen wir uns. Sun wird bei seiner Ankunft eine mehrtägige Wüstentour organisieren. Morgen früh soll es losgehen.

Endlich kann ich wieder fahren, kann meinem Freiheitsdrang freien Lauf lassen. Die Straße führt schnurgerade durch

Welche Wildtiere im Qilian-Gebirge noch leben, kann man an den Fellen sehen, die vor den Läden an der Straße zum Verkauf angeboten werden. Wang zapft über die Benzinpumpe des Toyota Sprit in einen Kanister ab. Dem Tankwart ist es verboten, Treibstoff in meinen Triebling zu füllen.

Geröll- und Steinwüste ohne Sträucher oder Bäume. Lediglich in kleinen Ortschaften, wo eine Bewässerung möglich ist, findet sich ein lichter Baumbestand aus Pappeln. Dies ist der dünn besiedelte Teil Chinas. 95 Prozent der 1,4 Milliarden Chinesen drängeln sich auf der östlichen Hälfte der Landfläche. Der Rest besteht aus Hochgebirge und unfruchtbaren, versalzenen Böden, auf denen ich nun unterwegs bin.

Sun hatte mich vor den Polizeisperren gewarnt, an denen ich unbedingt den Motor ausschalten soll. Falls es trotzdem Probleme gibt, könne ich ihn jederzeit anrufen. Zum Glück herrscht so wenig Verkehr, dass die Streckenposten schon von Weitem auszumachen sind. Der erste erscheint bereits nach 50 Kilometern. Ich drücke den Not-aus-Knopf und beginne kräftig zu kurbeln. Schon ist mein Triebling nichts weiter als ein Anhänger, auf dem ein Motor sitzt, den ich hinter mir herziehe. Das kann nicht verboten sein, schließlich ist dem Radfahren in China keine Beschränkung auferlegt, folglich auch nicht dem Fahren mit Handbike. Meine Spekulation geht auf. Die Polizisten kontrollieren den Pass, umkreisen interessiert mein Vehikel, finden es sogar lustig, aber keinen Grund, mir die Weiterfahrt zu verbieten und wünschen gute Reise. Hinter der nächsten Biegung ziehe ich den Seilstarter und weiter geht's. Das wiederholt sich noch ein paar Mal an diesem Tag. Außerdem fahre ich in regelmäßigen Abständen unter Fotobrücken her, die es überall in China gibt und aus denen es blitzt, egal bei welcher Geschwindigkeit man hindurchfährt. Mal lächele ich freundlich, mal winke ich für ein gutes Foto oder ich gebe zur Abwechslung das unerlässliche Victory-Zeichen. Die Kontrolleure, falls solche die Bilder überhaupt anschauen, sollen mich schließlich in guter Erinnerung behalten. Mit der SIM-Karte in meinem Smartphone ist ihnen auch eine genaue Ortung meines Standpunktes zwischen den Fotobrücken möglich. Selbst hier in der dünn besiedelten Wüste ist die Netzabdeckung optimal, unumgänglich, wenn ein Volk lückenlos beobachtet werden soll.

Eines habe ich noch nicht verstanden. Warum parken vor den Fotobrücken mehrere Pkw, deren Fahrer nichts weiter tun, als zu warten? Kann es sein, dass hier Streckenmessung betrieben wird, dass Geschwindigkeitsüberschreitung aufgrund der Zeit gemessen wird, die zwischen zwei Fotobrücken vergeht? Warten die Autofahrer lediglich, um die Zeit vergehen zu lassen, die sie zu schnell gewesen waren? Meine Vermutung bestätigt sich dort, wo keine Böschung das Verlassen der Straße verhindert. Alle Fahrzeuge umfahren scheinbar grundlos das offene Gelände die Fotobrücke. Ich rausche an ihnen vorbei und lasse mich blitzen. Wenn hier also wirklich Streckenmessung betrieben wird und auch Rollstühle einer Geschwindigkeitsbeschränkung unterliegen, bin ich reif. Egal, ein chinesisches Knöllchen wäre mir sogar recht und eine Mordsgaudi und eine kuriose Premiere wegen zu schnellen Fahrens mit dem Rollstuhl bestraft zu werden. Aber zu meiner Enttäuschung geschieht bis zu meiner Ankunft am Treffpunkt nichts dergleichen.

Die Badain-Jaran-Wüste – Dünen zwischen Seen

Sun hat inzwischen alles organisiert. Morgen in aller Herrgottsfrühe wollen wir für zwei Tage alle befestigten Straße verlassen und die Wüste entdecken. Er musste ein speziell für tiefen Wüstensand modifiziertes Fahrzeug buchen, ebenso den Fahrer Herrn Huang. Ohne ihn und seinen Jeep würden wir uns heillos verfahren oder im Weichsand versacken. Die Badain-Jaran-Wüste mit ihren zweiundfünfzigtausend Quadratkilometern ist die viertgrößte Wüste der Erde. Wer sich da nicht auskennt, endet verdurstet und verhungert als unheilschwangere Wegmarke. Solche Mutproben braucht kein Mensch.

Das Besondere aber, und das ist weltweit einzigartig, sind die bis zu 500 Meter hohen Megadünen, die höchsten Sanddünen der Welt. Und als wären das nicht schon genug Superlative, erheben sich diese Dünen zwischen riesigen Seen, an deren Ufern es grünt und blüht und wo sich eine endemische, also eine räumlich nur stark begrenzt vorkommende, Fauna entwickelt hat. Ich freue mich riesig auf die kommenden zwei Tage. Unsere Fahrer Wang und Zhang werden derweil dem Müßiggang frönen, für sie ist kein Platz im Jeep. Alle Akkus sind geladen, unser Gepäck haben wir auf das Nötigste reduziert, Wasser und Lebensmittel sind verstaut.

Kaum haben wir die ersten Höhenzüge hinter uns, eröffnet sich uns ein Landschaftspanorama aus geschwungenen Formen, Kurven, Ellipsen und vom Wind geformten Wellen ohne gerade Linien, ein berauschendes Meer aus Sand. Ein Anblick, der mich für lange Momente in den Bann zieht und die Kamera in meiner Hand vergessen lässt. Etwas, das mir extrem selten passiert. Der Vergleich mit einem Meer hoher Wogen und Wellentälern könnte passender nicht sein. Unser Fahrer Herr Huang lenkt den Jeep wie ein Kapitän sein Schiff durch die Fluten. Dann ist er wieder Wellenreiter, steigt an Flanken auf, lässt uns hinabgleiten, nutzt den

In der Badain-Jaran-Wüste türmen sich die höchsten Dünen der Welt auf.
Aus der Wolle, die die Kamele im Frühjahr verlieren, werden Kleider, Seile, Stoffe
für Jurten und Decken gefertigt.

Diese Welt aus Sand ist ein Schlaraffenland für Fotografen.
Unser Fahrer Herr Huang hat sichtlich Freude daran, mich ein ums andere Mal zum Staunen zu bringen.

Schwung, um die nächste Düne zu erklimmen. Oder er fährt, als hätte er ein Snowboard unter sich, unter Ausnutzung der Fliehkräfte in extremer Steilkurve in der Innenwölbung einer Riesendüne.

Und immer wieder eröffnen sich neue Ausblicke über eine Welt, geformt nur von Wind und Sand in vollkommener Harmonie, Streicheleinheiten für das Auge. Eingebettet zwischen zwei dieser riesigen Dünenberge dann auf einmal blau schimmerndes Wasser, ein See, von Schilf umwachsen, in dem zottelige Kamele grasen. Wir rollen hinunter und mit jedem Meter, dem wir uns dem See nähern, wächst ein Spiegelbild der Düne auf dem See heran, das am Schluss dem Original perfekt gleicht. Ja, mehr noch, in der Spiegelung sind das Rot des Sandes und das Blau des Himmels sogar weitaus kräftiger. Nur eine ganz leichte Brise ist zu spüren, eine Seltenheit hier. Ist es doch der Wind, der diese Gebirge aus Sand aufgetürmt hat. Ich kann mich einfach nicht sattsehen an diesem Kunstwerk der Natur.

Damit bin ich voll zufrieden, mehr ginge auch nicht. Da bleibe ich realistisch. Ein Spaziergang auf einem Dünenkamm, wie Sun es zwischendurch unternimmt, wäre unmöglich, keinen Meter könnte ich mich ohne fremde Hilfe im Sand bewegen. Aber das fehlt mir auch nicht. Was ich hier sehe und erlebe sprengt ohnehin schon längst meine tollkühnsten Erwartungen. Ich werde mich vollkommen zufrieden auf das beschränken, was mir der Fahrer bieten kann.

Herr Huang, der inzwischen begriffen hat, dass ich dieses Auto den ganzen Tag über nicht verlassen kann, wird von seinem Ehrgeiz gepackt, mir selbst noch solche Ausblicke zu ermöglichen, die sonst nur per Fußmarsch erreichbar sind. Mit Vollgas rast er mit mir eine Dünenflanke hinauf. Gefühlte Steigung 45 Grad. Der Kamm rückt immer näher, und ich frage mich, wie steil die Düne wohl dahinter wieder abfällt und ob es ihm gelingen wird, rechtzeitig zu stoppen. Wir erreichen den Kamm. Mir stockt der Atem, ich sehe keinen Grund, das Auto müsste jetzt senkrecht abstürzen. Aber der gute Mann lässt den Jeep auf dem Dünenkamm aufsetzen und schaltet den Motor aus. Alles ist plötzlich still, wir schaukeln, alle vier Räder hängen in der Luft. Fassungslos glotze ich Herrn Huang an. Er grinst nur und verweist mich auf die Landschaft. Ich wende meinen Kopf nach vorn. Ein überwältigendes Panorama breitet sich vor mir aus, unter uns gähnt der bedrohliche Abgrund über dem unsere Vorderräder ausrollen. Mir kommen die Tränen vor Freude, alles verschwimmt.

Zwei Stunden schaukeln wir auf der Düne vor und zurück. Eigentlich will ich hier gar nicht mehr weg. Es ist zu schön. Von der Motorhaube aus schicke ich meine Drohne in alle Himmelsrichtungen. Sun, wie fanatisiert von dieser Landschaft, ist nicht mehr ansprechbar, hat nur noch eines im Kopf: Fotografieren. Mit seiner Kamera ist er über alle Berge. Allein an diesem Tag hat er über 700 Fotos geschossen.

Bis weit nach Sonnenuntergang überqueren wir einen Wellenberg nach dem nächsten. Ursprünglich hatten wir geplant, unsere Zelte an einer günstigen Stelle zu errichten, aber Herr Huang will mich überraschen. Er hat für uns eine Jurte organisiert, die an einem der Seen für Touristen errichtet wurde und die gerade frei ist. Eine Toilette gibt es zwar nicht, aber der Boden in der Jurte ist fest und wir können in Feldbetten schlafen. Viel wichtiger allerdings, draußen brummt ein Generator. In weiser Voraussicht hat Sun eine Verteilerdose mitgebracht. Sechs Netzteile blinken bis zum Morgen um die Wette. Morgen bedeutet in diesem Fall: früher Morgen, 3 Uhr 30. Wir hatten uns den Platz für den Sonnenaufgang genau ausgesucht. Eine der riesigen Dünen mit perfekt geschwungener Wellenlinie liegt mit ihren Flanken genau in Ost-West-Richtung. Die ersten Strahlen der Sonne, so unser Kalkül, werden die Flanke in rote Farbe tauchen, während die Schattenseite vollkommen schwarz, ja, wie ein unendliches Loch erscheinen wird. Und so ist es auch.

Ich habe mir durchaus Gedanken gemacht über die Dekadenz, die unberührte Schönheit perfekt geformter Dünen mit den Spuren eines Allradfahrzeugs zu zerstören. Aber ehrlich gesagt, lange wurde ich von meinen Selbstzweifel nicht geplagt.

Was diese Landschaft im Besonderen für mich so einzigartig macht, ist ihre Unwegsamkeit. Abwegig unterwegs sein, kommt in einem Leben im Rollstuhl nur selten vor. Wir Rollis sind immer auf einen halbwegs befestigten Untergrund angewiesen. Ein Spaziergang am Strand, quer durch den Wald, durch Wüsten oder tiefen Schnee ist, wenn überhaupt, nur mit sehr speziellen Hilfsmitteln möglich, die just in dem Augenblick, wo sie gebraucht werden, meist ohnehin nicht greifbar sind. Folglich haben mich diese zwei Wüstentage nicht nur landschaftlich umgehauen, ich betrat auch eine Welt, die mir seit meinem Unfall weitgehend verschlossen geblieben ist, eine einzigartige Erfahrung.

Die Megadünen in der Badain-Jaran-Wüste wandern nicht. Forscher haben festgestellt, dass sie mit dem Grundwasser, das auch die Seen speist, verbacken sind. Wie in einem Schwamm wird es nach oben gezogen. Auch wenn ihre Oberfläche staubtrocken ist, bereits in 50 Zentimeter Tiefe ist Feuchtigkeit deutlich spürbar. Das Grundwasser sickert unterirdisch aus dem Qilian-Bergmassiv, das wir auf unserem Weg hierher überquert hatten, in die Wüste. Weniger als 200 Kilometer von hier entfernt liegt der nördliche Teil dieses Gebirge mit seinen schneebedeckten, knapp 6000 Meter hohen Gipfeln. Es wird unser nächstes Ziel sein.

Die flammenden Berge

Am Rand der Wüste, wo es Zhang und Wang inzwischen langweilig wird, planen wir die Weiterreise. Wir machen einen Treffpunkt in Zhangye am Fuß des Qilian-Massivs aus, eine Tagesreise für mich. Während mein Team mit den Fahrzeugen nicht mehr als zwei Stunden dafür benötigt, werde ich erst am späten Nachmittag eintreffen. Sun wird ein Hotel suchen und die Zeit für Recherchen nutzen, um herauszufinden, inwieweit es möglich sein wird, die einzigartigen Felsformationen in diesem Gebirge mit dem Rollstuhl zu erreichen. Wir zapfen noch schnell Benzin aus dem Toyota für meinen Triebling ab, und ich kann wieder Gas geben.

Ein schnurgerades schwarzes Band liegt vor mir, der Himmel ist blau, die Wüste um mich herum ockerfarben, die Luft hier in 1600 Metern Höhe riecht frisch und ist klar. Verkehr gibt es kaum, und ich kann meinen Gedanken nachgehen, lasse die letzten zwei Tage Revue passieren. Dabei will mir nicht aus dem Kopf gehen, was Sun mir in der Jurte vor dem Schlafengehen erzählt hat. Ich hatte ihn gefragt, was es in China mit der Zahl Acht auf sich hat. Schon zuvor war mir aufgefallen, dass in vielen Hotels jede Zimmernummer mit einer Acht beginnt. Egal, auf welchem Stockwerk. Erst die zweite Zahl gibt an, auf welcher Etage sich das Zimmer befindet. Der große Lingshan-Buddha bei Wuxi ist 88 Meter hoch. Besonders teure Autos tragen auffallend viele Achten im Nummernschild, und auch auf der Tür unserer Jurte prangte die Nummer Acht. Es gab nur drei Jurten. Die Nachbarjurte mit der Nummer 88 und die mit der 888 waren auf Monate hinaus ausgebucht, obwohl alle Jurten die gleiche Ausstattung hatten.

Sun erklärte mir, das sei ganz einfach. Es gibt Zahlen, die für einen Chinesen geradezu abscheulich klingen und solche, von denen man gar nicht genug haben kann, wie eben die Acht. Ihre Aussprache, *ba,* klingt je nach Dialekt wie *fa,* was „Reichtum", „reich werden" oder „mehr haben" bedeutet. Genau das spiegelt wieder, wonach ein jeder Chinese strebt. Der Jin Mao Tower in Shanghai besitzt die Hausnummer 88, weist im Grundriss ein

Noch ist der Bauer, den wir auf dem Dreschplatz treffen, skeptisch und ziert sich, in unser Auto zu steigen. Mit Zigaretten, etwas Barem und viel Überredungskunst gelingt es Sun, ihn ins Auto zu locken.

Oktogon auf und hat 88 Stockwerke. Am 8. August 2008 um acht Uhr acht wurden die Olympischen Spiele eröffnet, *Sichuan Airlines* hat sich die Telefonnummer mit acht Achten eine Viertel Million US-Dollar kosten lassen, und es ist auch kein Wunder, meinte Sun, dass überdurchschnittlich viele Chinesen am 8. August Geburtstag feiern. Unter Berücksichtigung der fruchtbaren Tage der Frau lässt sich das Geburtsdatum des Nachwuchses mit etwas Glück und einer kräftigen Zuwendung an den Arzt per Kaiserschnitt auf die Minute genau festlegen.

Autokennzeichen mit vielen Achten können sich nur reiche Leute leisten, da langen die Behörden kräftig zu. Wer dagegen das Pech hat, mit Vieren auf seinem Nummernschild gestraft zu sein, sollte immer schön vorsichtig fahren, denn die Vier, *Se*, klingt so ähnlich wie „sterben". Vielen Hotels fehlt das vierte Stockwerk, es würde ohnehin niemand da wohnen wollen. In Hongkong sei dieser Zahlenhype noch viel dramatischer, meinte Sun.

Das Klingeln meines Telefons reißt mich aus den Gedanken. Ich stoppe. Sun ist dran und erzählt, dass die chinesische Tourismusbehörde in Zhangye mal wieder ganze Arbeit geleistet hat. Der Danxia-Geopark, mit seinen weltweit extrem seltenen Felsformationen, die durch bestimmte Mineralien bei feuchter Wetterlage zu leuchten beginnen, wurde kurzerhand eingezäunt, mit einem Eingang, einem Besucherzentrum und einem Shop versehen. Eintritt 50 Euro. Betreten nur im Shuttlebus, der jedem Besucher an relevanten Aussichtspunkten zehn Minuten Zeit fürs Fotografieren lässt. Für Rollstuhlfahrer extrem ungeeignet, da viele Stufen zu überwinden sind und es keine Träger für die Fußlahmen gibt. Er hat sich auch nach der Möglichkeit erkundigt, eine Drohne steigen zu lassen, aber das sei bei Strafe verboten. Jetzt will er von mir wissen, ob er die Tour machen soll, der Sonnenstand sei am Nachmittag eigentlich optimal. Ich gebe ihm mein Okay und werde meine hohen Erwartungen, dieses Highlight mit eigenen Augen sehen zu können, begraben. So weit gereist zu sein und am Ende verzichten müssen, ist etwas, an das ich mich wahrscheinlich nie gewöhnen werde.

Suns Fotos, die ich mir am Abend im Hotel anschaue, sind berauschend, kaum zu glauben. Manche Schichtungen im Fels leuchten rot, gelb, sogar blau oder schimmern lila. Wüsste ich nicht, dass sie echt sind, ich würde einen Fake dahinter vermuten. Beim Studieren der Landkarten entdecken wir weitere Regionen in den Qilian-Bergen, die merkwürdig rot schimmern. Wir kommen zu dem Schluss, dass eine Regierung unmöglich ein ganzes Gebirge einzäunen kann, und beschließen, mit unseren Geländewagen auf eigene Faust auf die Suche nach den sagenhaften Flammenden Bergen zu gehen. Auf staubigen Wegen, durch Dörfer, Felder oder einfach durch eine Gerölllandschaft, in der nichts wächst, fahren wir immer parallel am Fuße der Berge entlang. Wann immer der Boden es erlaubt, biegen wir links ab, denn die rot schimmernden Felsen sind am Horizont überall sichtbar. Jedes Mal jedoch scheitern unsere Fahrzeuge an dem ausgewaschenen Gelände und den tiefen Furchen, die durch Regengüsse in längst vergangener Zeit entstanden sind. Wir brauchen jemand mit Ortskenntnis.

Die Dörfer lassen erkennen, dass das Land kaum etwas hergibt. Dünne Pappeln, ein bisschen Gestrüpp, das ist alles, was hier wächst, und man fragt sich, wovon die Menschen hinter ihren Lehmmauern, die mit Dornenhecken eingezäunt sind, leben. Man sieht sie auch kaum, als würde hier eine gewaltige Landflucht wüten. Aber dann haben wir doch Glück. Er scheint der einzige Mensch in diesem Dorf zu sein. In Sonntagskleidung steht er da auf einem Dreschplatz, hält mit beiden Händen eine lila Rose in der Hand, als hätte er ein Rendezvous. Er trägt den typischen Kurzhaarschnitt, seine Haut ist sonnengegerbt, die Zähne sind krumm und schief, sehen schlecht aus, aber sein breites Lächeln ist bestechend.

Sun bringt seinen ganzen Charme auf, bittet ihn, ans Auto zu kommen, fragt ihn nach dem Weg und überredet ihn mit dem Versprechen auf Zigaretten und ein wenig Bares zuzusteigen, um uns den verschlungenen Weg in die Berge zu zeigen. Hoch und heilig muss er ihm versprechen, dass wir keine Entführer sind und ihn ganz sicher wieder heile nach Hause bringen werden. Es versteht sich von selbst, dass ein Bauer nicht so ohne Weiteres in ein Auto einsteigt, das ihm hier vorkommen muss wie ein Ufo und mehr kostet, als er in seinem ganzen Leben verdient.

Der Mann leitet uns auf Sandwegen, die kaum als solche erkennbar sind, vorbei an verlassenen, verfallenen Lehmhütten, durch Felder, die schon lange keine Saat mehr gesehen haben. Am Fuße der Berge stoppt er den Fahrer und meint, er könne jetzt nicht weiter mitfahren, in den Bergen spuken böse Geister und wer sich dorthin wagt, bringt das Unglück mit nach Hause. Uns rät er dringend von einer Tour in die Berge ab, wir würden nicht mehr als dieselben da herauskommen. Sun, der nicht abergläubisch ist, verspricht ihm mit einem Augenzwinkern zu mir, dass wir seinen Rat gewiss befolgen werden.

Schon von Weitem sind die rot schimmernden Berge zu erkennen. Tektonische Verschiebungen und unterschiedliche Mineralien im Gestein haben eine einzigartige Farbvielfalt geschaffen.

Nicht die Angst, wir könnten ihn entführen, hat ihn zögern lassen einzusteigen, sondern die vor dem drohenden Unglück. Kein Problem, wir sind genau da, wo wir hin wollten. Per GPS-Daten speichern wir den Standort, um früh am nächsten Morgen wieder hier zu sein, denn erst nach einer feuchten Nacht kommen die Farben der Mineralien richtig zur Geltung. Auf einen der seltenen Regengüsse, die das Gestein sogar zum Glänzen bringen würde, können wir leider nicht hoffen.

Es ist noch dunkel. Sun hat seinen Fotorucksack geschultert und versucht, mit einer Taschenlampe einen Weg in die Berge zu finden. Ich warte auf die Sonne, denn die Kamera an der Drohne braucht für gute Fotos viel Licht. Dann ist es soweit, auf maximaler Höhe von 500 Metern platziere ich sie für ein Panoramafoto aus 24 Einzelbildern. Am Horizont unter dem blauen Himmel glitzern die schneebedeckten, 5000 Meter hohen Gipfel des Qilian Shan, im Vordergrund erscheinen mit dem Licht der aufgehenden Sonne ockerfarbene bis rostrote, durch Erosion freigelegte Mineralien im Gestein. Suns Bilder wecken Assoziationen von Fantasielandschaften anderer Sterne aus blau, rot und gelb schimmernden Kalkfelsen, die von Wind und Wetter rund geschmirgelt wurden.

Auf anderen Bildern scheint jemand die Berge diagonal mit einem Lineal in Streifen eingeteilt zu haben, um mit der Sprühdose ein buntes Zebramuster aufzutragen. Seine Fotos verblüffen und lassen im ersten Moment der Betrachtung Skepsis aufkommen, ob es wirklich eine solche Landschaft auf Erden geben kann. Es sind Sedimentablagerungen und unterschiedliche Mineralien im Kalkstein, die durch tektonische Verschiebungen überformt und aufgefaltet wurden. Das hat Millionen von Jahren gedauert. Den Beweis, dass diese Bilder wirklich irdisch sind, hat Sun beim Fotografieren nicht ausgespart. Quer durch die Felslandschaft zieht sich eine Hochspannungsleitung, getragen von hässlichen Gittermasten. Welch einfältiger Banause in der Provinzregierung hat da bloß sein Unwesen getrieben. Respekt vor bösen Geistern hatte er wohl nicht.

Ein Weltwunder, so unscheinbar

Ich rausche durch die Wüste. Unter mir die alte Landstraße, die nur noch von Traktoren befahren wird oder denjenigen dient, die die Maut sparen wollen. Links, auch manchmal rechts, liegt eine sechsspurige Autobahn ohne nennenswerten Verkehr. Sie gehört zur neuen Seidenstraße, die eines Tages den Warenaustausch nach Europa sicherstellen soll. Dann, westlich von Jiayuguan, erscheint ein Weltwunder, nein *das* Weltwunder. Die große Mauer, das längste von Menschenhand erschaffene Bauwerk aller Zeiten. Dass sie mit bloßem Auge aus dem Weltall erkennbar sein soll, ist ein Märchen. Da ist dem Propagandaministerium wohl in einem Anfall übermäßigen Patriotismus' die Fantasie durchgegangen.

Hier, am ersten Feuerturm aus der Ming-Dynastie, ist sie faktisch nichts weiter als ein fünf Meter hoher Lehmwall, der auf die Mongolen wohl kaum Eindruck gemacht hat. Sie endet an einem steil abfallenden Canyon, der vom Talai-Fluss hundert Meter tief in den Wüstenboden gegraben wurde und ein natürliches Hindernis gegen die einfallenden Reitervölker war. Nur 50 Kilometer von hier entspringt er im Qilian-Massiv, dessen schneebedeckte Gipfel mir seit Tagen Orientierung geben. Sein türkis schimmerndes Wasser bildet einen starken Kontrast zu dem ockerfarbenen Wüstensand. Schon den Ming-Kaisern vor 500 Jahren war klar, dass eine Mauer allein keinen Schutz bietet. Nur in Verbindung mit Überwachung und Kommunikation konnten die Feinde fern gehalten werden. Dazu dienten die Feuertürme, von denen bei drohenden Angriffen in kürzester Zeit Truppen herbeigerufen wurden.

Die Firewall, der sich Xi Jinping und seine Überwachungsbehörde heute bedient, um das Land abzuschotten, ist nichts weiter als eine Great Wall der Neuzeit. Die Chinesen leben in einem Intranet. Allerdings ebenso löcherig wie die Mauer aus Stein. Heute untergräbt man sie mit einem VPN-Tunnel. Den zu benutzen ist in

Wer gern in Gesellschaft reist, sollte die Chinesische Mauer bei Badaling, nördlich von Peking, besuchen. Am ersten Wehrturm der Chinesischen Mauer, 1500 Kilometer Luftlinie von Peking entfernt, ist man mit dem Bauwerk fast allein. Dort, wo die Mauer kaum noch existiert, wurde sie einfach neu aufgebaut.

China illegal, wie auch die Nutzung meiner Drohne hier am letzten Ende der Mauer.

Ich weiß nicht, wer mich von den wenigen Touristen, die sich hierher verirrt haben, oder vom Aufsichtspersonal denunziert hat. Von Weitem sehe ich ein Polizeifahrzeug und ahne, dass sie es auf mich abgesehen haben, auch wenn keine Verbotsschilder Drohnen verbieten und ich mit meinem Flug über dem Fluss außer meinen Quadrocopter selbst niemanden gefährde. Schnell lande ich, klappe sie zusammen. verstecke sie unter dem Rolli und nehme unverfänglich meine Kamera in die Hand. Forschen Schrittes kommen da auch schon die zwei Spaßverderber auf mich zu und verlangen, einen Blick in meinen Fotokoffer werfen zu können. Mit freundlichem Lächeln zeige ich den Herren mein Sortiment an Objektiven. Mit einer Drohne kann ich leider nicht dienen, das muss jemand anderes gewesen sein. Unverrichteter Dinge ziehen sie ab.

Auf dem zwei Kilometer langen Weg zum Kassenhäuschen, wo ich Handbike und Triebling abgestellt hatte, denke ich darüber nach, wie viele Gesetzesverstöße ich in China schon begangen habe, und erinnere mich an die vielen Konflikte auf meinen Reisen mit Polizei und Militär. Da war das amerikanische Generalkonsulat in Chennai, vor dem ich 2009 den folgenschweren Fehler begangen hatte, meine Kamera zu benutzen, um die Kosmetikwerbung gegenüber zu fotografieren. Prompt stürzte ein uniformierter Inder aus dem Gebäude, riss mir ohne ein erklärendes Wort die Kamera weg, löschte alle Fotos, gab sie mir zurück und verwies mich des Platzes. Was noch harmlos war im Vergleich zu der Festnahme in Syrien. Das war vor dem Krieg. Mein Bruder und ich waren auf einer Fahrradtour zwischen Palmyra und Furqlus unterwegs. Abends wollten wir uns am Straßenrand in der Wüste zum Schlafen legen. Dumm nur, dass wir uns militärisches Gelände dafür ausgesucht hatten. Die Nacht verbrachten wir im Militärcamp unter Anschuldigungen, bis man uns glaubte und wieder frei ließ.

Was ich aber nie vergessen werde, war der Blick in die grimmigen Gesichter der iranischen Soldaten und in die Läufe ihrer Maschinengewehre, nachdem ich versehentlich das nukleare Forschungszentrum von Natanz fotografiert hatte. Das Geheimste, was die Mullahs zu verstecken haben, hatte ich auf meinem Film abgelichtet. Im Verhör, zwei Stunden später, verdächtigte man mich aufgrund meiner umfangreichen Kameraausrüstung und eines Mikrofons samt Aufnahmegerät, illegal in Iran zu recherchieren und das Touristenvisum für journalistische Zwecke zu missbrauchen. Es stand sogar die Vermutung im Raum, ich würde für Israel spionieren. Wie ist mir das Herz in die Hose gerutscht, als mir die Tragweite dieses Verdachts klar wurde. Als israelischer Spion vom iranischen Geheimdienst festgesetzt zu werden, ist nicht mehr lustig.

Vielleicht war es gerade der Humor, oder vielmehr Galgenhumor, der mich gerettet hat. Nachdem sie den Film aus meiner Kamera konfisziert hatten, fragte ich den uniformierten Eiferer, der mich ausfragte, was er denn glaubt, was auf meinem Film zu sehen ist, was die Amerikaner mit ihren Satelliten nicht schon längst herausgefunden und ihren israelischen Freunden übermittelt hätten. Er müsse zugeben, sagte ich ihm, wie abwegig es sei, dass Israel einen Rollstuhlfahrer in den Iran schickt, um die Nuklearanlagen auszuspionieren. Sein kurzes Lächeln gab mir Hoffnung. Am Abend war ich wieder frei, allerdings ohne meinen Film.

Kurz vor dem Kassenhäuschen schaue ich mich um. Am anderen Ende der Straße sitzen die beiden Polizisten in ihrem Auto und beobachten mich, sie haben mich noch immer in Verdacht. Kurz vor Sonnenuntergang erreiche ich Yumen, mit seinen 200 000 Einwohnern ist es die größte Stadt weit und breit. Über das Portal Ctrip hatte ich in einer Pause mitten in der Wüste mit bester Internetverbindung eine Bleibe mit Rampe vor dem Hoteleingang gebucht. Mit Absicht wähle ich dabei immer das billigste Zimmer und schreibe dazu, dass ich Rollstuhlfahrer bin und viel Platz benötige. Meine Spekulation, dass diesen Satz niemand liest oder versteht, geht auch in Yumen auf. Das Personal entschuldigt sich für die Unachtsamkeit und bietet mir ein Upgrade in die Suite an, da alle übrigen Zimmer viel zu schmale Toiletten haben. Natürlich ohne Aufpreis.

Sun ist bereits in Dunhuang eingetroffen und wird sich morgen mit seiner Kamera umschauen. Wenn alles nach Plan läuft, treffe ich morgen Abend ebenfalls dort ein.

Chinesen und der Alkohol, eine unheilige Allianz

Eigentlich habe ich nichts weiter vor, als in Guazhou zu Mittag zu essen. Dass daraus nichts werden wird, ahne ich bereits, bevor ich die kleine Raststätte betrete. Der Lärm aus dem Innern übertönt sogar meinen Triebling, und das will etwas heißen. Weiter als in den Vorraum komme ich nicht. Mein Versuch, mich an den sechs Jungs in Tarnkleidung vorbeizuschleichen, scheitert kläglich. Der runde Tisch ist voller Flaschen, Zigarettenschachteln und Aschenbecher. Sie lümmeln sich auf samtbezogenen Stühlen, schreien lauthals herum und saufen Bier. Mir kommt es vor, als hätten sie nur auf mich gewartet, um mich zu ihrem Gelage einzuladen. Alle Pläne für den Rest des Tages kann ich streichen. Sie rücken zusammen, machen einen Platz am Tisch frei, an den ich einparken muss, keine Widerrede.

Es dauert eine Weile, bis ich die Banalität kapiere, die sie so euphorisch macht. Einer der Jungs trägt ein T-Shirt mit einem Muster, das dem ähnelt, das auf meinem prangt. Darauf werden in den nächsten zwei Stunden etliche halbe Liter getrunken. Chinesen tun mir manchmal fast ein wenig leid. Sie können sich nicht einfach so betrinken. Immer muss irgendein dummes Spiel her oder Nichtigkeiten werden als Anlass zum Anstoßen hochstilisiert. Oder sollte ich sie um ihre Geselligkeit beneiden? Dabei heißt es immer *„ganbei"* – lasst uns die Gläser trocknen! Welch ein Trinkspruch. Ich bin schon jetzt nicht mehr fahrtauglich und lasse den Dingen ihren Lauf, richte mich darauf ein, hier im Ort übernachten zu müssen. Eine Zigarette nach der anderen wird mir zwischen die Lippen geschoben, und schon muss erneut auf mein T-Shirt angestoßen werden. Zwischendurch gibt es eine rudimentäre Kommunikation mit den Smartphones, wobei ich erfahre, dass meine Gastgeber Straßenarbeiter sind, die jetzt am Freitagmittag außer unserer gemeinsamen Oberbekleidung auch ihren Feierabend

Chinesen bringen mich mit ihrem Gesang manchmal zum Weinen. Wer sich danebenbenimmt, was schnell passieren kann, muss mit Repressionen rechnen. Der Staat hat alles im Blick. Siehe Pictogramm unten rechts.

begießen. Ich bin beruhigt, haben die Jungs also doch einen vernünftigen Grund zum Zechen gefunden. Solche Gelage finden in China (für mich) allerdings oft ein abruptes Ende. Ohne halbwegs fundierte Sprachkenntnisse entgeht einem doch einiges; womöglich war das Gelage von vornherein zeitlich begrenzt. Jedenfalls stehen plötzlich alle auf und verabschieden sich.

In einer Herberge für Lkw-Fahrer bekomme ich ein Bett, um meinen Rausch auszuschlafen. Bevor die Straßenarbeiter in allen Himmelsrichtungen verschwanden, haben sie mich noch mit einem teuren Gastgeschenk beehrt: eine Schachtel Zigaretten. Aber nicht irgendeine Marke. Ich halte eine Packung Chunghwa in Händen, im Wert von umgerechnet zehn Euro. Chinesen frönen einem ungeheuren Markenhype. Sich von der Masse abheben, besser schneller, größer oder reicher zu sein als der Nachbar ist ihnen enorm wichtig. Das ist der Motor, der sie antreibt, Höchstleistungen zu erbringen. Dafür legen sie eine aufopfernde Selbstdisziplin und einen Fleiß an den Tag, der uns staunen lässt.

Maos Gleichmacherei war wider ihre Natur. Hart arbeiten, ohne die Früchte ernten zu dürfen, war für sie nur unter Zwang möglich. Heute kann man zeigen, wer man ist. Wer seinen Reichtum zur Schau stellen will, für den stehen alle nur erdenklichen Statussymbole zu entsprechenden Preisen bereit. Markenfälschung ist daher nur eine logische Konsequenz. Denn nicht jeder hat das Geld für den Unsinn, muss aber mitmachen. Wer sein Ansehen aufmöbeln will, kann sich Zigaretten für 50 Euro pro Schachtel kaufen oder verschenkt sie, um „Samen zu legen". Das Gesicht wahren und es nie verlieren, darum dreht sich in China alles.

Beim Karaoke dagegen scheint jede Peinlichkeit möglich. Der Eindruck drängt sich mir am frühen Morgen auf. Es ist noch kühl, als ich die städtische Grünanlage passiere, in der viel los ist. Am Eingang schreckt ein Verbotsschild ab. Alles, was Chinesen Spaß macht, wird darauf untersagt. Vom Blumen pflücken über Knallkörper zünden bis Gassi gehen. Man darf nicht über Zäune klettern, sich hinlegen oder ausspucken. Lediglich ein Piktogramm ist nicht durchgestrichen: das mit der Überwachungskamera. Der Staat darf wieder einmal tun, was er will.

Ich parke meinen Triebling am Tor. Vor dreißig, vierzig Zuhörern, in erster Linie Alten, holt ein Sänger alles aus seinen Stimmbändern heraus. Herzzerreißend schmalzt er mit solcher Inbrunst ins Mikro, als ginge es bei diesem Contest um Leben und Tod. Rührend, wie er sich bemüht, frustrierend, was dabei herauskommt.

Mein Gefühl für Harmonien ist wohl ein anderes. Ich werde den Eindruck nicht los, dass das Publikum mit seinem Applaus nicht den Gesang beklatscht, sondern den Mut des Sängers, sich dem Spott auszusetzen. Vielleicht wird belohnt, nicht singen zu können und es doch versucht zu haben. Oder man will ihm mit dem Applaus das Gesicht zurückgeben. Wie auch immer, die meisten Sänger hier im Park scheinen echte Profis zu sein. Sie beeindrucken mich.

In einem Pavillon hat sich ein Chor eingefunden, der durch Passanten, die stehen bleiben und mitsingen, kontinuierlich anschwillt. Eine Dirigentin koordiniert Musiker und Sänger. Es sind patriotische Lieder und Volkslieder, deren Text jeder kennt. Mit stolzgeschwellter Brust wird alles gegeben, und ich bin richtig gerührt. Das macht die Chinesen so sympathisch, ihre Freude am gemeinsamen Singen.

Joggen im Rückwärtsgang ist zur Zeit der Renner in China. Das muss man erst einmal schaffen, ohne ständige Kollisionen. Mir hat einmal jemand erklärt, Rückwärtsgehen fördert unterbelichtete Muskelpartien. Das Gehirn sortiert sich neu, Synapsen bilden sich. Und Rückwärtsgehen hat noch einen Vorteil, man sieht immer, wer hinter einem her ist. Und dann gibt es natürlich wieder Leute, die alles übertreiben müssen. Mir begegnet ein Frühsportler auf allen Vieren, vorwärts *und* rückwärts. Und wie putzig er sich bemüht, seinen Vierfüßlergang zu perfektionieren, als ich meine Kamera auf ihn richte. Kurz darauf beobachte ich eine Frau, die sich auf einer Bank von einem Profi-HNO-Reiniger genüsslich den Schmalz aus ihren Ohren schaufeln lässt. Jemand peitscht den Kreisel, dass es nur so pfeift, während andere Frühsportler sich an Fitnessgeräten austoben.

Am See schreien Männer einfach so auf das Wasser hinaus, als wollten sie mit jemandem am anderen Ende des Ufers kommunizieren. Einen der Rufer kann ich um eine Erklärung bitten. Nein, erfahre ich, diese Frühsportler wollen Yin und Yang in Einklang bringen und brüllen das Schlechte aus sich hinaus. Allen Hemmungen zum Trotz mache ich mit und kann bestätigen: Danach fühle ich mich erleichtert.

Eine Welt, gänzlich vegetationslos – Chinas versalzene Wüsten

Wenn es einen Ort gibt, den man als Oase bezeichnen kann, dann ist es Dunhuang, genauer gesagt, der Mondsichelsee vor der Stadt. Zwischen zwei dreihundert Meter hohen Dünen liegt dieser halbmondförmige See. Einen kleinen Moment glaube ich an eine Fata Morgana, weil der Anblick dermaßen außergewöhnlich ist. Und weil das vielen so geht, brummt der Tourismus hier. Aber nicht heute, dreihundert Kamele warten in ihren Ställen auf besseres Wetter, wie auch die Reiter in ihren Hotelzimmern, die Touristen. Es herrscht Sandsturm auf den Dünen und das kann schmerzen. Wie hunderttausend feine Nadelstiche habe ich die Sandkörner zu spüren bekommen, als ich auf der Straße hier eintraf. Kein Tourist tut es sich an, die Dünen jetzt zu besteigen.

Ich versuche es mit meiner Drohne. Da in der Nähe ein Flughafen ist, limitiert die Software die maximale Höhe auf 300 Meter. Das müsste gerade reichen, um über den Dünenkamm hinweg einen Blick auf den Mondsichelsee werfen zu können. Es gelingt, aber die Gefahr, dass der feine Sand den Rotoren zusetzen könnte, lässt mich umgehend wieder landen. Am Abend sitzen wir in der Fußgängerzone von Dunhuang, vor gebratenem Eselfleisch, Pommes und einem riesigen Krug Bier. Straßenmusiker gehen durch die Gasse, Händler bieten Mao-Bibeln an, Touristen schieben sich an Verkaufsständen mit Souvenirs vorbei. Mit kleinen Ausnahmen ist es hier nicht anders als an jedem Urlaubsort der Welt. Die Atmosphäre hier verdeckt, unter welcher Fuchtel die Chinesen leben müssen.

Wir planen die nächsten Tage. Großes Etappenziel ist Golmud auf knapp 3000 Metern Höhe. Ein letztes Mal kann ich die Freiheit genießen, selbst Gas zu geben. Aber meine Kilometer sind gezählt. Golmud liegt bereits in der Provinz Qinghai, in der laut Aussage des Herrn Zhang mein Triebling ganz gewiss konfisziert wird. Darauf will ich es ankommen lassen.

Unser Treffpunkt ist einer der großen Salzseen in der Wüste Lop Nor am Südrand der Gobi. In den kommenden Tagen wird die Landschaft von Sandfeldern, Geröllwüste und den Yardang-Formationen dominiert. Dabei handelt es sich um bis zu 20 Meter hohe Sedimentaufschichtungen. Voraussetzung für ihre Entstehung ist starker Wind aus immer derselben Richtung sowie eine Rinne oder Vertiefung im Boden, die in Windrichtung verläuft. Sie dient als Anfangsform und wird vom Wind ausgeblasen. Die mitgeführten Sandkörner schmirgeln im Laufe der Zeit weichere Sedimentschichten heraus. Die härteren Schichten bleiben bestehen und erhalten vom Windschliff ein tropfenförmiges Profil. Die Strömungsgeschwindigkeit zwischen den Sedimentkörpern verstärkt sich, je tiefer die Gassen zwischen den Yardangs sind.

Eine Landschaft, die auf diese Weise von Wind und Sand geformt wird, macht den Eindruck, als hätte jemand mit einer riesigen Harke Furchen in den Fels gezogen. Diese Yardangs finden sich vorwiegend auf Wüstenboden. Sehr selten ragen sie aus dem Wasser. An einem dieser außergewöhnlichen Orte, einem Salzsee, machen wir unseren Treffpunkt aus.

Ich verlasse Dunhuang auf der S305. Am Ortsausgang überhole ich den Wagen der Stadtreinigung, auf dem sich zehn Reisigbesen drehen, um den Wüstenstaub wegzufegen. Ein lustiges Beispiel des chinesischen Pragmatismus.

Die westlichen Ausläufer der Qilian-Berge habe ich gerade überquert. An der letzten Tankstelle wurde mir zu meiner großen Verwunderung Benzin verkauft. Bei der Gelegenheit habe ich gleich noch zwei zusätzliche Wasserflaschen füllen lassen, denn die nächsten 200 Kilometer werden öde. Sprit, Lebensmittel und Wasser wird es nicht geben. Am Ende der Strecke soll eine Raststätte sein, dazwischen gibt es genau zwei Kurven. Aber Sun, der mit dem Team bereits die Hälfte durchfahren hat, beruhigt mich, Sendemasten für ein gutes Handysignal gibt es genug. Sollte es Probleme geben, einfach anrufen.

Jetzt gebe ich meinem kleinen Freund die Kante. Der Straßenbelag erlaubt Vollgas, selten begegnet mir ein Lkw, Privatwagen sehe ich überhaupt keine. Bei 55 Stundenkilometer habe ich diese Durststrecke in spätestens vier Stunden hinter mir und mit etwas

Der Mondsichelsee gehört zum touristischen Standardprogramm. Hunderte Kamele müssen wegen Sturm unverrichteter Dinge zurück in den Stall. Im Hotpot lässt sich alles garen. Heute wird der Magen vom Yak, Schinken und Brokkoli in die Brühe getunkt.

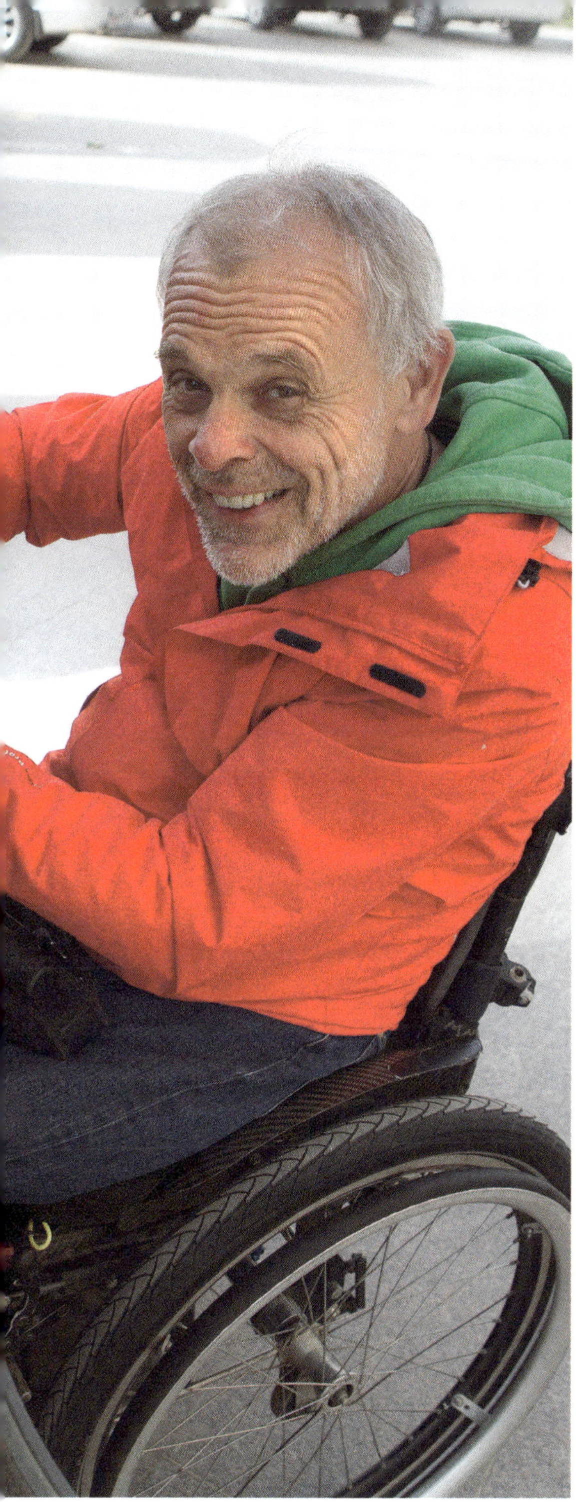

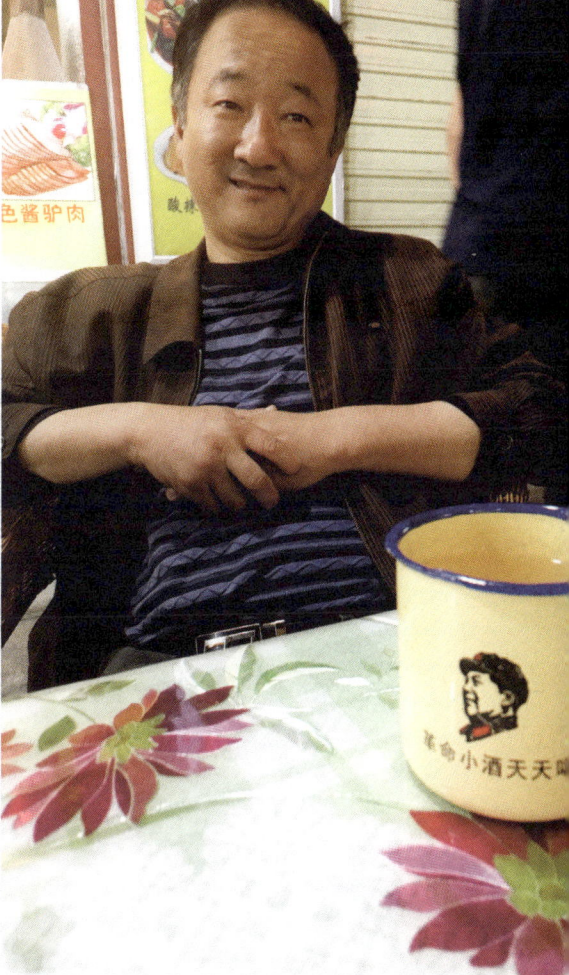

Regelmäßig muss ich die Vergaserdüsen wechseln. Der verkehrsarme Westen Chinas ist durch die Yardangs geprägt. Herr Wang, einer unserer Begleiter, war zwanzig Jahre lang Lkw-Fahrer auf der Strecke Xining-Lhasa.

Glück kann ich in der Dämmerung bereits die ersten Aufnahmen am Salzsee machen. Eine Vegetation fehlt dieser Landschaft völlig. Kein Halm kann in dieser menschenfeindlichen Salzwüste gedeihen. Regen gibt es so gut wie nie, und wenn, ist er verdunstet, bevor er den Boden erreicht. Die Salzseen werden vom Grundwasser gespeist.

Die Uiguren nennen sie Yardang, steiler Sandwall. Diese Hügel, verlassenen Häusern gleich, zwischen menschenleeren Gassen, durch die der Wind fegt, bezeichnen die Uiguren als Geisterstädte. In der Tat, etwas Unheimliches, Mysteriöses haftet diesen Sedimentschichtungen an. Während die dem Wind zugewandte Seite häufig bis zum Boden heruntergeschmirgelt ist, erhebt sich das andere Ende mächtig in die Höhe. Als wollten sie sich dagegen aufbäumen, vom ewigen Wind als Staub davongetragen zu werden. Der Jahrmillionen währende Kampf ist ihnen anzusehen.

Ganz anders die Yardangs im Salzsee. Sie werden von Wasser bedroht, das sie im Laufe der Zeit auflöst. Es nagt an den Wänden, zieht die Sedimentschichten hinunter. Wie diese Landschaft wirklich geformt ist, zeigt mir erst die Drohne aus der Vogelperspektive. Hunderttausende dieser tropfenförmigen Yardangs ragen bis zum Horizont aus dem Salzsee, und alle weisen exakt in Richtung des Windes, der sie geformt hat.

Die Yardangs in den Salzseen bilden tausend kleine Inseln.

Zurück in das tibetische Hochland

Konnte ich in den trockenen Wüstengebieten noch in einer leichten Windjacke fahren, brauche ich jetzt, südlich von Golmud in über 3000 Metern Höhe dicke Motorradkleidung. Ich komme wieder in die Provinz Qinghai, in der wegen ihrer Nähe zu Tibet strengere Regeln herrschen. Es ist die Straße nach Lhasa und Tibet. Beim Erreichen des Tibetischen Hochlands, das durchweg auf 4000 Metern Höhe und darüber liegt, als erste Schneeflocken fallen und der Lkw-Verkehr unangenehm zunimmt, entscheide ich, den nächsten Checkposten dafür zu nutzen, wieder Beifahrer im Toyota zu werden.

Sun hatte mir in Golmud bereits prophezeit, dass meine selbstbestimmte Reise an der nächsten Polizeisperre enden wird. Auch wenn die Grenze nach Tibet weit über 500 Kilometer entfernt liegt. Ein Lkw-Stau kündigt den Kontrollposten bereits frühzeitig an. Ich rufe Sun an, um ihn zu bitten, mich vor dem Checkposten zu erwarten. Mit Wehmut drehe ich noch einmal am Gasgriff, genieße das Aufheulen des Motors und den Schub, den er mir gibt. Es sind unsere letzten Kilometer. Noch ahne ich nicht, dass er mich nie wieder schieben wird. In der nächsten Parkbucht stoppe ich und schalte meinen Triebling aus, für immer.

Sun hilft mir, Benzin und Öl abzulassen und ihn im Kofferraum zu verstauen. Bei der Zufahrt auf die riesige Mautstation, in der jedes Fahrzeug gewogen und über einem Schacht nach verbotenen Gegenständen abgesucht wird, ist mir klar, jeder Versuch, hier mit meinem Triebling durchzukommen, wäre ohnehin zum Scheitern verurteilt. Der Polizist mustert uns mit grimmigem Blick. Mit den

---

Nur erstklassige Motorradkleidung schützt vor dem eisigen Fahrtwind.

Das tibetische Hochland, durchweg auf 4000 Metern Höhe, ist ein idealer Lebensraum für die Yaks. Krasse Beispiele zerstörter Fahrzeuge sind wirksamer als alle Verkehrsregeln. Mit Hilfe von mit Ammoniak gefüllten Rohren wird das Auftauen des Permafrostes verzögert. Erderwärmung ist auch hier ein Problem.

deutschen Pässen von Sun und mir und der Einladung verschwindet er für eine Weile im Kontrollhaus, während unsere Fahrzeuge durchsucht werden. Dabei ist der Stein des Anstoßes der Reservekanister, über den wir immer Sprit vom Autotank in meinen Motor abgefüllt hatten. Benzinkanister mit oder ohne Inhalt sind verboten. Welche Begründung dahintersteckt, erfahren wir nicht. Eine Regierungsanweisung, heißt es lapidar, als Sun sich erkundigt.

Bis wir unsere Pässe zurück haben und weiterfahren können, nutze ich die Zeit, um im Internet zu dem Thema zu recherchieren. Selbst hier ist die Signalstärke top. Durch den letzten VPN-Tunnel, der mir noch zur Verfügung steht, mit Sitz in Hongkong – die übrigen sind inzwischen alle gesperrt –, gelange ich an jede gewünschte Suchmaschine. Die beiden Suchwörter „Benzin" und „Tibet" reichen völlig aus, um eine Erklärung für das paranoide Verbot von Benzinkanistern in der Provinz Qinghai und in Tibet zu erhalten. „Selbstverbrennung aus Protest gegen die Annektierung Tibets" sind Thema der ersten zwanzig Einträge. Weiterhin lese ich, dass es regelmäßig im März und April zu schweren Ausschreitungen in Tibet kommt und die Regierung in Peking aus Furcht vor Protesten im Gedenken an den Jahrestag der Flucht des Dalai Lama erneut Unruhen und Selbstverbrennungen befürchtet. Peking hasst offensichtlich nichts mehr als Veröffentlichungen von Mönchen, die sich mit Benzin übergießen und anzünden. Der Kanister wird uns abgenommen. Herrn Wang, unserem Fahrer, der zwanzig Jahre lang als Trucker die Strecke Xining-Lhasa befahren hat, ist das Thema völlig neu. Noch nie hat er von den Selbstverbrennungen gehört. Warum sollten die Tibeter auch protestieren, schließlich habe die Befreiung Tibets durch China wirtschaftliche Entwicklung und Wohlstand in die autonome Provinz gebracht. Dass die Tibeter unterdrückt, dass Klöster zerstört und Mönche vertrieben werden, will er uns nicht glauben.

Von nun an fahren wir parallel zur Tibet-Bahn, die weltweit höchstgelegene Eisenbahnstrecke der Welt. Als sie im Jahre 2014 den Betrieb aufnahm, verlor Herr Wang als Lkw-Fahrer seinen Job. Verderbliche Waren wurden auf die Schiene verlagert, über die Lhasa von Golmud aus heute in zwölf Stunden erreicht wird. Dieses sündhaft teure Infrastrukturprojekt gehört wie die neue Seidenstraße, wie die Trassen, die China in Laos, in Myanmar und anderen Nachbarländern errichtet, zu dem Spinnennetz, das Peking strategischen Zugriff auf die Märkte großer Teile Asiens verschaffen soll. Die Umsiedlung von Han-Chinesen nach Tibet erfolgt über die Bahn. Sie haben sich erfolgreich in der Tourismusbranche selbstständig gemacht, verwässern die dortige Kultur, degradieren Tibet und die Tibeter zu einem Exotikum und machen aus Lhasa ein buddhistisches Disneyland. Inzwischen sind die Tibeter in ihrem eigenen Land in der Minderzahl.

Truppenverbände können jederzeit nach Lhasa verlagert werden. Natürlich geht es heute vielen Tibetern besser, aber aus reiner Nächstenliebe hat China die Tibet-Bahn sicher nicht gebaut. Wie viel Widerstand Peking gegen die Bahn fürchtet, ist deutlich sichtbar. Die komplette Trasse wurde beidseitig eingezäunt, alle drei Kilometer steht ein Wachhäuschen, und alle sind besetzt. Viel größer als die Gefahr von Anschlägen wird der Klimawandel eingeschätzt. Von den 675 Brücken steht ein Teil im Permafrost, der in jedem Sommer tiefer auftaut und ein gefährliches Absacken der Trasse verursachen kann.

Unter diesem Phänomen leidet auch die Straße. An vielen Stellen weist sie tiefe Senken auf, die wir über Behelfswege umfahren müssen. An besonders gefährdeten Stellen säumen Hunderte Wärmerohre die Leitplanke. Schräg zur Straßenmitte stecken sie drei Meter tief im Boden. Kälterohre müssten sie eigentlich genannt werden, sie fungieren wie ein Kühlschrank. Das flüssige Ammoniak darin verdunstet bei Plustemperaturen, steigt auf, verflüssigt sich durch den eisigen Wind, der hier ewig weht und sackt wieder ab. Die Wärme wird dadurch nach oben verdrängt und der Permafrost im Boden erhalten. Auch der Untergrund der parallel verlaufenden Tibet-Bahn wird auf diese Weise gekühlt. Wenn die Klimaerwärmung weiter fortschreitet und diese Methode ihre Wirkung verliert, könnte Chinas großes Infrastrukturprojekt bald Geschichte sein.

Herr Wang ist hart gesotten. Im Winter, erzählt er, war die Strecke durch Schneeverwehungen praktisch unpassierbar und Lhasa vom „Mutterland", wie er es nennt, abgeschnitten. Dann ist es nicht selten vorgekommen, dass er Tage in seinem Laster verbracht hat, bis die Straße wieder frei war. Auch im Sommer ist die Fahrt lebensgefährlich. Einmal hat er die knapp 2000 Kilometer lange Strecke von Lhasa nach Xining in 50 Stunden geschafft. Da gab es oft einen Wettbewerb unter den Fahrern, wer am wenigsten Schlaf braucht und zuerst ankommt. Viele haben bei Unfällen ihr Leben verloren. Herrn Wang überrascht es deshalb auch kaum, dass vor uns der Verkehr zum Erliegen kommt. Wir stehen am Ende eines Lkw-Staus, der sich endlos bis zum Horizont hinzieht. Nichts deutet darauf hin, dass es heute auch nur einen Meter weitergehen könnte. Einige Lkw stehen quer, um den Idioten, die glauben den Stau auf der Überholspur umfahren zu können, den Weg zu versperren.

Ich beginne, das Gelände nach einem geschützten Platz abzusuchen, wo wir unser Zelt aufstellen könnten. Aber das wird nicht nötig sein. Wang hat sich bei dem Kollegen vor uns nach der Situation erkundigt und meint, dass es sinnlos wäre, hier zu warten. Das kann Tage dauern. Er schaltet die Allradfunktion zu, gibt Gas und brettert mit Karacho die Böschung hinunter, Herr Zhang im zweiten Wagen folgt uns. Dafür haben wir schließlich die Geländewagen. Herrlich, das wünsche ich mir manchmal auf der A2 in Deutschland. An Stellen, wo die Böschung es erlaubt, wagen auch Trucker ohne Ladung das Manöver. Es sieht waghalsig aus, wenn sich die hinteren Zwillingsräder der Tanklaster einen Meter in der Luft drehen, während das Führerhaus den Grund der Böschung durchfährt. Ich sehe den Auflieger schon bersten, aber nichts passiert. Die Jungs am Steuer wissen, wie weit sie gehen können.

Fast noch mehr staune ich über die Künstler am Steuer, die ihre Sattelzüge in Zentimeterschritten auf der Straße wenden. Nach zehn Kilometern sehen wir, warum sich der Verkehr staut. Ein mit Kohlendioxid beladener Lkw liegt schräg im Graben. Gerade passieren wir die Unfallstelle, als das Gas abgelassen wird. Eine riesige weiße Wolke strömt aus dem Tank. Herr Wang meint, so etwas sei völlig normal. Er hat schon Tage im Stau gestanden, bis man das faulende Gemüse und Fleisch in seiner Ladung überall riechen konnte. Dann, kurz nach Yanshiping, durchqueren wir ein steinernes Tor, auf dem wir zweisprachig in Tibet begrüßt werden. Einen Moment wundere ich mich darüber, denn die Grenze nach Tibet müsste laut meinen GPS Daten erst in 70 Kilometern kommen.

Oft helfen sich die Fahrer selbst und zerren den havarierten Lkw mit ihren Zugmaschinen aus dem Graben. Das Tor nach Tibet heißt uns willkommen.

Neue Grenzziehungen bedrohen unser Projekt

In einer kleinen Siedlung namens Tuotuo, benannt nach dem Jangtse, der hier Tuotuohe genannt wird, wo es ein Teehaus, einfache Unterkünfte für Lkw-Fahrer und ein paar heruntergekommene Werkstätten gibt, beschließen wir zu übernachten. Tibet liegt jetzt nur noch 20 Kilometer in südlicher Richtung entfernt. Im Westen erheben sich die Tanggula Mountains, aus denen sich 22 Quellgletscher des Jangtsekiang winden. Unser Ziel.

Das Massiv, 60 Kilometer von hier, liegt gerade noch in der Provinz Qinghai. Näher kommen wir auf asphaltierten Straßen nicht heran. Endlich kann ich mich wieder etwas bewegen, ich rolle die Straße hinauf und spüre umgehend die Höhe von 4800 Metern. Schwer nach Luft ringend kehre ich in das Teehaus ein, in dem Herr Wang, Zhang und Sun bereits ihre Hände an Bechern mit dem heißen Getränk wärmen. Sun meint, dass es nicht gut wäre, wenn ich bei den Preisverhandlungen mit den Trägern dabei wäre, das würde nur den Preis hochtreiben. Er macht sich unverzüglich auf den Weg, um Informationen einzuholen, inwieweit wir uns mit den Fahrzeugen dem Quellgebiet nähern können. Von dort, wo es mit den Allradfahrzeugen nicht mehr weitergehen wird, werden wir einen ortskundigen Führer brauchen und Träger, die unser Gepäck – und falls nötig auch mich – tragen sollen. Wieder eine völlige Fehleinschätzung.

Das Teehaus ist nichts weiter als ein wärmegedämmter Raum mit zwanzig Stühlen und ein paar Tischen um einen gusseisernen Ofen, auf dem Teekannen stehen, aus denen wir uns bedienen.

Je rauer und ungemütlicher es draußen ist, umso gemütlicher werden die kleinen Herbergen an der Straße.

Im Geleit zweier Polizisten ist Sun schon nach einer halben Stunde zurück und sein Blick verrät nichts Gutes. Ich muss meinen Pass abgeben und auch Wang und Zhang werden nach ihren Ausweisen gefragt. Sun erklärt mir, dass er sofort aufgegriffen wurde. Nach der Kontrolle seines deutschen Passes, musste er mit auf die Wache, in der man ihm sagte, dass er sich hier illegal aufhält. Vor Kurzem sei eine Pufferzone eingerichtet worden, die 20 Kilometer in die Provinz Qinghai hineinreicht und in der ebenfalls ein Permit für Tibet erforderlich ist. Unsere Einladung, die Sun in der Wache vorgelegt hat, gilt aber nur für die Provinz Qinghai, nicht für Tibet. Während Sun mir diese Hiobsbotschaft überbringt, höre ich, wie die Polizisten mit unseren Fahrern streng ins Gericht gehen. Dazu muss ich die Sprache nicht verstehen. Harte Worte fallen, begleitet von einer Gestik, die keinen Zweifel zulassen. Das unterwürfige Verhalten unserer Fahrer, denen angelastet wird, uns illegal nach Tibet gebracht zu haben, spricht Bände.

Wie Schuljungen, denen gerade eine Standpauke erteilt wird, sitzen sie da.

Ich versuche, die Situation zu entschärfen, bitte Sun, den Polizisten zu übersetzen, dass die ganze Verantwortung bei mir liegt. Ich hätte die Fahrer beauftragt, hierher zu fahren. Sie hätten nur ihren Job gemacht. Dass wir die Grenze nach Tibet bereits überschritten hatten, wusste ich nicht. Viel Eindruck habe ich damit nicht gemacht. Beide stehen abweisend an der Eingangstür, gerade so, als wollten sie verhindern, dass wir uns aus dem Staub machen. Ich muss Nähe schaffen, eine wie auch immer geartete Beziehung aufbauen. Wie lauteten noch gleich die chinesischen Wörter, die Sun mir beigebracht hat? Leider vergesse ich zu schnell, aber wie gerufen fällt mir ein, wie man sich entschuldigen muss. *Jiekou* sage ich, so gut es geht. Der Vorgesetzte der beiden Polizisten schaut immer noch streng, aber ich glaube, eine leichte Entspannung in seinem Blick zu erkennen. Vielleicht ist auch nur der Wunsch Vater des Eindrucks.

Da kommt mir eine gute Idee. Noch immer habe ich die Packung Chunghwa-Zigaretten dabei, die mir die Bauarbeiter vor einer Woche geschenkt haben. Ich öffne die Packung und biete jedem einen der teuren Glimmstängel an. Allein die Tatsache, dass sie zugreifen ist ein gutes Zeichen. Ich bitte Sun, die beiden Ordnungshüter in einen freundlichen Smalltalk zu verwickeln, ihnen zu erzählen, dass ich China und seine Menschen so

Auf der Straße Richtung Tibet werden wir ständig kontrolliert. Schon hier leistet unsere Einladung gute Dienste. Gänsegeier, auf dem indischen Subkontinent weitgehend ausgestorben, vertilgen im tibetischen Hochland jeden Kadaver.

sehr liebe, schon oft im Land gewesen bin und mir nun meinen großen Traum, eine Reise von Shanghai dem Jangtse folgend bis zur Quelle, erfüllen wolle. Aber natürlich würde ich mein Vorhaben unverzüglich abbrechen und Tibet verlassen, wenn sie es wünschen. Die Männer beginnen Fragen zu stellen, in einem Ton, der weitaus weniger vorwurfsvoll klingt. Anscheinend interessieren sie sich für meine Situation im Rollstuhl. Sun erklärt ihnen, was mit mir los ist.

Ich frage Sun, ob es noch eine Chance gibt, unser Projekt zu verwirklichen. Er nimmt mir alle Hoffnungen, meint, wir können froh sein, wenn wir mit heiler Haut verschwinden dürfen. Und so kommt es. Die Stimmung ist gedrückt, niemand sagt etwas, während ich ins Auto steige und Wang meinen Rollstuhl verstaut. Dabei weichen die Polizisten keinen Schritt von unserer Seite. Sie wollen sich davon überzeugen, dass wir wirklich kehrt machen.

Kurz bevor Wang den Rückwärtsgang einlegt, wird Sun gebeten, noch einmal auszusteigen. Ich verstehe nichts, vermute aber aufgrund der Gestik, dass ihm der Weg erklärt wird, auf dem es zurück geht. Merkwürdig, finde ich, es gibt hier nur eine Straße und für uns nur eine Richtung. Bevor ich Sun fragen kann, worum es ging, beginnt Wang ein dramatisches Wehklagen. Er achtet kaum auf die Straße, regt sich über irgendetwas höllisch auf. Es dauert eine gefühlte Ewigkeit, bis mir der Grund dafür von Sun erklärt wird. Wang meint, all seine Bemühungen, eine positives Punktekonto im Sozialkreditsystem zu erreichen, seien durch diesen Vorfall zunichte gemacht. Um mühsam Pluspunkte zu sammeln, sei er extra in die Partei eingetreten, habe sich im Straßenverkehr nichts mehr zuschulden kommen lassen und sich sogar freiwillig gemeldet, um ehrenamtliche Arbeit zu leisten. Und jetzt das. Ich fühle mich schuldig, bitte ihn um Verzeihung und weiß doch, dass sich damit nichts gutmachen lässt. Vielleicht hat Wang Glück, tröste ich ihn, und die Polizisten melden die Sache nicht.

Zhang Junior im Wagen hinter uns plagen dieselben Sorgen. Sun telefoniert mit ihm und versucht, die Geschichte herunterzuspielen. Was in den Klagen unserer Fahrer, die durch einen Punktabzug Nachteile im gesamten gesellschaftlichen Leben fürchten müssen, fast untergegangen wäre, ist der Hinweis, den Sun von dem Polizisten kurz vor unserer Abfahrt erhielt. Sun erzählt mir, dass die Grenzposten sich gewundert hätten, wieso wir nicht Yanshiping als Ausgangspunkt gewählt haben. Kurz vor dem Ort gäbe es einen Schotterweg, der zu einem der Quellgletscher führt und der sei bei diesem Frost vermutlich durchgehend befahrbar. Dort würde unsere Einladung gelten, da der nordöstliche Teil der Tanggula Mountains nicht in der Pufferzone liegt. Was Sun da gerade sagt, habe ich zwar gehört, aber mein Verstand braucht einen Moment, um zu kapieren, was seine Worte bedeuten. Ich vergewissere mich bei Sun noch einmal. Hat der Polizist wirklich gesagt, man kann mit dem Auto zur Jangtse-Quelle fahren? Sun bestätigt.

Ich bin sprachlos, weiß nicht was ich denken soll. Es gab während meiner Recherchen nicht den kleinsten Hinweis darauf, wie man sich den Quellgletschern nähern kann. Detaillierte Informationen über die Region sind extrem rar. Ich konnte nur auf meine Erfahrungen zurückgreifen, die ich am Ganges und vor allem an der Quelle des Mekong gemacht hatte. Letzterer entspringt nicht einmal 250 Kilometer Luftlinie entfernt von hier, ebenfalls auf knapp 5000 Metern Höhe. Um die Mekong-Quelle zu erreichen, musste ich damals ein Expeditionsteam und umfangreiches Equipment zusammenstellen. Eine mehrtägige Trekkingtour unter Mithilfe von neun Trägern und Pferden war nötig. Davon war ich bei meiner Planung auch hier ausgegangen, dementsprechend hatte ich Herrn Zhang in Xining beauftragt, Ausrüstung für einen mindestens viertägigen Marsch durch das Hochland zu besorgen, ja, sogar eine Tragekonstruktion, mit der man mich über unwegsames Gelände transportieren kann. Und nun muss ich hören, dass die Quelle mit dem Auto erreichbar ist.

Ich weiß nicht, ob das eine gute oder eine schlechte Nachricht ist und ob ich mich darüber freuen soll. Kann es sein, dass ich über Tausende Kilometer, gegen so viele Widerstände und mit diesem immensen Aufwand dem Jangtsekiang gefolgt bin, um am Ende in einem klimatisierten Auto an der Quelle vorzufahren? Ist das nicht ein fast unerträglicher Gedanke?

Bevor ich entscheide, wie es weitergehen soll, brauchen wir eine Herberge. Yanshiping auf 4720 Metern gehört zu den fünf höchstgelegenen ganzjährig bewohnten Orten der Erde. Noch bevor wir die Ansiedlung erreichen, passieren wir den Kadaverplatz. Hier treffen sich Gänsegeier, um für Ordnung zu sorgen. Gerade machen sie sich über ein niedliches Schoßhündchen her, das wohl unter die Räder gekommen ist. Tief wühlt der Aasfresser in den Innereien des kleinen Kläffers herum. Auch Menschen werden in Tibet auf diese Weise bestattet. Feuerholz wäre zu wertvoll und Löcher in den Boden graben, geht hier schon gar nicht.

Ein eisiger Wind fegt durch diesen unwirtlichen Ort. Die Fahrer der schwer beladenen Lkw, die hier mit Vollgas hindurchrauschen, verursachen per Dauerhupe einen höllischen Lärm. Es ist ungemütlich und kalt. Die Ansiedlung besteht aus nichts weiter als etwa 30 flachen Steingebäuden, mit Werkstätten, Garküchen, kleinen Läden und einer Unterkunft für Trucker. Hier bekommen wir vier Betten im Schlafsaal. Ich bitte Sun, sich im Ort zu erkundigen, ob es jemanden gibt, der die Gegend kennt und der bereit ist, uns den Weg zu einem der Quellgletscher zu zeigen.

Wieder kommt er im Geleit zweier Polizisten zurück, denen ich meinen Pass vorzeigen muss. Diesmal allerdings ist die Atmosphäre weitaus hoffnungsvoller. Unsere Einladung, die uns Herr Zhang in Xining von der Provinzregierung verkauft hat, macht bei den beiden Eindruck. Sie empfehlen uns Herrn Sangpo, der Besitzer einer großen Yakherde ist und vom Verkauf des Fleisches, der Milch und des Dungs als Brennstoff lebt. Mit entsprechender Bezahlung wäre er sicher bereit mitzukommen.

Sangpo ist ein lustiger Kerl mit Schirmmütze, der ständig über irgendetwas lacht, das ich nicht verstehe. Wir sitzen in dem einzigen Raum weit und breit, der halbwegs geheizt ist, und üben uns im „Samen legen". Wir in Deutschland nennen das „Honig ums Maul schmieren". Sangpo darf sich hier in der Garküche bestellen, was immer er möchte. Ich bezahle. Er spricht Tibetisch, aber Sun gelingt es, sich mit ihm zu verständigen, erklärt ihm meine Situation, dass ich querschnittsgelähmt bin, in Shanghai gestartet sei und hier hoffnungsvoll dem Höhepunkt dieser Reise entgegenblicke. Als er hört, wie wir ausgerüstet sind und dass sogar geplant war, Träger zu rekrutieren, fällt er fast hintenüber von seinem Stuhl vor Lachen. „Da kann man doch mit dem Auto hin", belehrt er uns. Damit bestätigt er das, was uns schon in Tuotuo gesagt wurde. „Gut 80 Kilometer auf Schotter, das kriegen wir an einem Tag hin", meint er. Auf dem Rückweg könnten wir in seiner Hütte auf halber Strecke übernachten. Aber wenn wir unbedingt wollen, können wir auch unser Zelt davor aufstellen.

Für den humorvollen Sangpo ist der Weg zur Quelle des Jangtse „no problem".
Kurz nach Sonnenaufgang starten wir mit unseren Allradfahrzeugen
zur letzten Etappe.

Die Quelle des Jangtsekiang – problemlos zugänglich

15 Kilometer vor Yanshiping bittet Sangpo darum, langsamer zu fahren. Hundert Meter hinter der nächsten Kurve geht ein unscheinbarer Schotterweg ab. Kein Schild, keine Markierung, nichts weist darauf hin, dass dies der direkte Weg zur Quelle des drittlängsten Flusses der Erde ist. Wir unterqueren die Brücke der Tibet-Bahn, womit alle Zivilisation hinter uns liegt. Über 15 Kilometern folgen wir einem flachen Flussbett durch ein etwa 300 Meter tief liegendes Tal. Endet der Schotterweg am Fluss, müssen wir vorsichtig hindurch, aber eine echte Herausforderung ist das für keinen unserer Fahrer.

Das Tal lichtet sich und ermöglicht eine größere Fernsicht. Schon entdecken wir eine kleine Herde Tibetantilopen, auch Tschirus genannt, die den Olympischen Spielen in Peking im Schatten des Panda als Maskottchen dienten. Und es gibt Kiangs, Wildesel, die wir bereits an der Straße gesichtet hatten. Sangpo meint, seine Yakherde müsste sich auch in der Nähe herumtreiben, aber es dauert einen Moment, bis er sie entdeckt. Ich beobachte das Gelände genau. Aber nicht auf der Suche nach den Yaks. Mich treibt die Hoffnung um, dass diese Reise vielleicht doch mit einem dramatischen Höhepunkt endet und all unser Equipment zum Einsatz kommen könnte. Ich wünsche mir so sehr eine adäquate Krönung meiner Reise. Daher sehne ich mit jedem Kilometer das Ende des Schotterwegs herbei. Möglicherweise bleiben auch die Autos in einem Flussbett, stecken, von mir aus können wir auch versacken oder aus Spritmangel liegenbleiben. Irgendeine Katastrophe müsste geschehen, die uns zwingt, die Fahrzeuge zurückzulassen und zu Fuß weiterzugehen.

Aber mit Unbehagen muss ich sehen, dass sich das Tanggula-Massiv nähert, der Schotterweg gleichbleibend gut befahrbar ist und der Plot meiner Reise immer mehr zu einer lustigen Fahrt durch die Berge wird, die keinem von uns irgendwelche Entbehrungen abverlangt. Zwei Monate später wäre ich an diesem Ort richtig gewesen, wenn die oberen dreißig Zentimeter des Permafrost-Bodens aufgetaut wären und das Ganze zu eine üblen aber fotogenen Schlammschlacht geworden wäre. Dann hätte ich mein Abenteuer bekommen. Zu meiner Schande erwische ich mich bei dem Gedanken, mein Team aufzufordern, die Fahrzeuge stehen zu lassen und die Tour zu Fuß zu simulieren. Mit entsprechender Bezahlung wäre das sicher kein Problem und es würde auch noch wunderbar passen in die Welt der *fake news*, der aufgebauschten Abenteuer und inszenierten Expeditionen ins „Unbekannte". Doch wozu und wofür immer weiter, besser und höher? Warum sollte ich mir das antun? Mich nach dem Ganges und dem Mekong noch einmal toppen? Nein. Jetzt werde ich die Aktion genießen, ohne all die Entbehrungen, ohne Schneetreiben oder gefährliche Klettersteige den Lohn der vielen Widerstände und Knüppel, die mir auf dem Weg hierher zwischen die Speichen gesteckt wurden, einsacken. Ich lehne mich auf dem gemütlichen Autositz zurück, lege die Kamera aus der Hand und werde mich ganz dekadent zur Jangtse-Quelle kutschieren lassen. Und wehe jemand sagt, das sei nichts wert.

200 Meter vor dem Gletscher bekomme ich wider Erwarten noch ein kleines Abenteuer. An einer Böschung scheitern beide Fahrzeuge. Ich steige aus, docke mein Handbike an und will gerade meinem Triebling den Spaß der letzten Etappe gönnen. Da kramen Wang und Zhang zwei breite Gurte aus dem Wagen. Sie binden ihn an mein Handbike und legen sich den Gurt wie zwei Zugpferde um die Brust. Sun erklärt, es sei für sie eine Ehre und sie wollten es sich auf keinen Fall nehmen lassen, mich auf den letzten Metern zum Ziel zu bringen.

Hinter mir liegt eine Reise durch extreme Landschaften, beeindruckende Megastädte und zu riesigen Monumenten einer Nation, deren Bevölkerung mir durch ihre warmherzige Hilfsbereitschaft mit jedem Tag mehr ans Herz gewachsen ist. Wie sagte Konfuzius noch so treffend, nicht das Ziel ist wichtig, sondern der Weg dorthin. Noch nie hat dieses berühmte Zitat so perfekt gepasst wie zu dieser Reise. An einem Abhang, den der zurückweichende Gletscher ausgegraben hat, bekomme ich freie Sicht auf die gleißende Eisfläche. Auf meiner Haut spüre ich die eisige Kälte, die von dem Gletscher ausgeht, als stünde ich vor einer offenen Gefriertruhe. An seiner Abbruchkante schimmert das Eis bläulich und klar, darunter, so vermute ich, fließt das Wasser des Jangtsekiang. Es bleibt für mich unsichtbar. Aber ich weiß, ich habe die Quelle des Jangtsekiang erreicht.

Atemlos fallen wir uns in die Arme.

Trotz eines Jagdverbotes setzen Wilderer den Tschirus zu. Wildesel kommen im tibetischen Hochland überall vor. Sangpos Yaks bewegen sich frei im Gelände. Zoomt man nur nah genug heran, erscheint dieser Schotterweg sogar auf Google Maps.

Von einem steilen Abhang, an dem die Fahrzeuge scheitern, sind es nur noch 200 Meter zum Ziel. Herr Wang und Zhang schuften für meinen Erfolg. Nach unzähligen Rückschlägen und erzwungenen Umwegen erreichen wir unser hohes Ziel.

Epilog

Nach unserer Ankunft in Xining haben wir herausbekommen, dass keiner unserer Fahrer einen Punktabzug im Sozialkreditsystem erleiden musste. Herr Zhang war untröstlich und entschuldigte sich dafür, dass es dem Höhepunkt meiner Reise an Dramatik gefehlt habe. Er bestand darauf, mir einen Teil des Geldes wegen, wie er sich ausdrückte, „entgangener Abenteuer" zu erstatten.

Mein Freund Sun begleitet heute wieder chinesische Kleingruppen zum Schloss Neuschwanstein und durch Rothenburg ob der Tauber.

Nur wie es meinem Triebling geht, werde ich wohl nie herausfinden. Keine der internationalen Speditionen war in der Lage, ihn nach Deutschland zu verschiffen. Xining liege nicht im Operationsgebiet, so die lapidare Begründung. Schweren Herzens habe ich ihn im Hof des Hotels zurückgelassen. Vermutlich hat sich irgendein cleverer Chinese meinen Triebling unter den Nagel gerissen, sich meine Idee, dass ein Anhänger auch schieben kann, zu eigen gemacht und wird mit meiner Erfindung reich.

Literaturhinweise

Ich habe mich bemüht, meine Aussagen, Ansichten und die Fakten mit verlässlichen Quellen zu belegen.
Wer an weiteren Informationen interessiert ist, sei auf folgende Bücher hingewiesen:

Baron, Stefan und Yin-Baron, Guangyan, „Die Chinesen", Econ

Harper, Damian u.a., „China", Lonely Planet

Kuan, Yu-Chien und Häring-Kuan, Petra, „Der China-Knigge", Fischer

Osada, Yukiyasu, Allwright, Gavin, Kanamaru, Atushi, „Mapping the Tibetan World", Kotan Publishing

Rehage, Christoph, „The longest Way", Malik

Sendker, Jan-Philipp, „Am anderen Ende der Nacht", Blessing

Strittmatter, Kai, „Die Neuerfindung der Diktatur", Piper

Strittmatter, Kai, „Gebrauchsanweisung für China", Piper

Weitere Quellen:

Bundeszentrale für politische Bildung **www.bpb.de**

Schaper, Michael (Herausgeber), „Das kaiserliche China", GeoEpoche, Gruner+Jahr

SZ-Interview mit Ai Weiwei vom 14. 03. 2014, Kai Strittmatter, SZ.de

Andreas Pröve mit seinem Freund Sun de Yue.

Impressum

Verantwortlich: Joscha Faralisch
Redaktion: Antje Steinhäuser
Satz und Layout: Weiß-Freiburg GmbH
Grafik und Buchgestaltung
Umschlaggestaltung: Nina Andritzky
Herstellung: Bettina Schippel
Litho: LUDWIG:media
Printed in Slovenia by Florjancic Tisk

★★★★★

Sind Sie mit diesem Titel zufrieden? Dann würden wir uns über Ihre Weiterempfehlung freuen.
Erzählen Sie es im Freundeskreis, berichten Sie Ihrem Buchhändler, oder bewerten Sie bei Ihrem nächsten Onlinekauf. Und wenn Sie Kritik, Korrekturen oder Aktualisierungen haben, freuen wir uns über Ihre Nachricht an
NG Buchverlag, Postfach 40 02 09,
D-80702 München oder per E-Mail an
info@nationalgeographic-buch.de

Unser komplettes Buchprogramm finden Sie unter:

www.nationalgeographic-buch.de

Textnachweis: Alle Texte stammen von Andreas Pröve

Bildnachweis: Alle Bilder stammen von Andreas Pröve außer: Unbekannt: S.6, S. 8, S. 11 oben, S. 20, S. 37 oben, S. 63 unten, S. 70, S. 119 unten; L. Lilequn: S. 36, S. 42/43; Sun de Yue: S. 126 oben, S.131, S. 134/135, S. 142/143 alle, S. 148 oben und unten, S. 154 oben, S. 155, S. 164 Mitte links, S. 164/165 Mitte, S. 165 oben rechts, S. 168, S.170, S. 171 oben und unten, S. 175 oben und unten, S. 179 unten, S. 183 unten, S. 186/187 alle; H. Huang: S. 190/191

Cover: Schleife des Zhongdu-Flusses kurz vor seiner Mündung in den Jangtse bei Xinshizhen (Foto: Pröve).
Umschlag-Rückseite: Oben links: Andreas Pröve bei der Badain-Jaran-Wüste (Foto: Sun de Yue); Oben rechts: Skyline von Shanghai am Abend (Foto: Pröve); Unten links: Die flammenden Berge bei Zhangye (Foto: Pröve); Unten rechts: Tai-Chi Übungen am Morgen (Foto: Pröve).

Alle Angaben dieses Werkes wurden von den Autoren sorgfältig recherchiert und auf den neuesten Stand gebracht sowie vom Verlag geprüft. Für die Richtigkeit der Angaben kann jedoch keine Haftung übernommen werden. Sollte dieses Werk Links auf Webseiten Dritter enthalten, so machen wir uns die Inhalte nicht zu eigen und übernehmen für die Inhalte keine Haftung.
Der ganze oder teilweise Abdruck und die elektronische oder mechanische Vervielfältigung, gleich welcher Art, sind nicht erlaubt.
Abdruckgenehmigungen für Fotos und Text in Verbindung mit der Buchausgabe erteilt der NG Buchverlag.
Die Deutsche Nationalbibliothek verzeichnet diese Publikation in der Deutschen Nationalbibliografie; detaillierte bibliografische Daten sind im Internet über http://dnb.d-nb.de abrufbar.

© 2019 NG Buchverlag GmbH, München
Lizenznehmer von: National Geographic Partners, LLC
Copyright © 2018 National Geographic Partners, LLC

Alle Rechte vorbehalten

ISBN 978-3-86690-704-1

Seit ihrer Gründung 1888 hat sich die National Geographic Society weltweit an mehr als 12 000 Expeditionen, Forschungs- und Schutzprojekten beteiligt. Die Gesellschaft erhält Fördermittel von National Geographic Partners LLC, unterstützt unter anderem durch Ihren Kauf. Ein Teil der Einnahmen dieses Buches hilft uns bei der lebenswichtigen Arbeit zur Bewahrung unserer Welt. Das legendäre NATIONAL GEOGRAPHIC-Magazin erscheint monatlich. Darin veröffentlichen namhafte Fotografen ihre Bilder, und renommierte Autoren berichten aus nahezu allen Wissensgebieten der Welt. National Geographic im TV ist ein Premium-Dokumentationssender, der ein informatives und unterhaltsames Programm rund um die Themen Wissenschaft, Technik, Geschichte und Weltkulturen bereithält. Falls Sie mehr über National Geographic wissen wollen, besuchen Sie unsere Website unter www.nationalgeographic.de.